Triumph des Denkens

–

Die 6 Stufen zum Erfolg

Marina Peters

Inhaltsverzeichnis

Vorwort

Was macht erfolgreiche Menschen so erfolgreich? Wie gelangen Spitzensportler an ihr gesetztes Ziel? Wie schaffen manche Menschen es, auch in negativen Lebensphasen immer positiv und optimistisch zu bleiben?

Manche Menschen scheinen einfach vom Glück geküsst, mit einer immer positiven Aura gesegnet oder einfach nur beneidenswert diszipliniert zu sein. Betrachten wir dann uns selbst, die vielleicht weniger erfolgreich, immer etwas deprimiert oder negativ und vielleicht oft vom Pech verfolgt sind, rücken bei dem ein oder anderen negative Selbstfragen in den Fokus.

- „Wieso kann ich nicht so viel Erfolg haben?“
- „Wieso bin ich nicht so glücklich?“
- „Wieso habe ich nicht so viele Freunde?“

Oft sind die Antworten dann:

- Er oder sie hat einfach sehr viel Glück im Leben. Im Gegensatz zu mir! Ich habe immer nur Pech!
- Oder: Ich bin eben kein sonderlich disziplinierter Mensch und habe kein Durchhaltevermögen, deswegen bin ich weniger oder gar nicht erfolgreich im Erreichen der Ziele, die ich mir setze.

Dabei haben wir alle die Möglichkeit effektiv und erfolgreich im Leben zu sein. Unsere gesetzten Ziele können wir erreichen. Manchmal brauchen wir nur etwas Hilfe dabei. Oft ist das Einzige, dass uns von der symbolischen Olympia Goldmedaille trennt, unser Mindset. Wir sind durch Rückschläge, negative Erfahrungen und ein starres, soziales Umfeld oftmals festgefahren in negativen Gedankengängen, die uns blockieren und es uns nicht erlauben einen Entwicklungssprung zu machen. Ziele, die wir uns setzen sich oft zu hoch gegriffen, Erfolge bleiben aus. Das ist demotivierend und endet nur allzu gerne in einem

Teufelskreis aus schlechten Gedanken, Neid und Hilflosigkeit. Wir können uns allein nicht mehr aus diesem Strudel befreien und drohen darin stecken zu bleiben.

Aber Du bist nicht allein! Und den ersten Schritt in eine positive und glückliche Zukunft hältst Du gerade mit diesem Buch in deinen Händen. Du lernst hier Hilfe zur Selbsthilfe! Gemeinsam motivieren wir Dich Deine Ziele in Angriff zu nehmen und Dir eine positive Gedankenbasis dafür zu schaffen.

In diesem Buch gehe ich anhand eines von mir entwickelten Treppenmodells auf sechs Prinzipien ein, die Dir dabei helfen sollen, erfolgreich zu werden. Egal um welchen Lebensbereich es sich handelt. Ob beruflich, privat, in der Schule, in der Ausbildung oder im Studium. Es soll für jeden Menschen geeignet sein, um einen erfolgreichen Lebensweg einzuschlagen. Denn Erfolg besteht nicht nur aus dem Erklimmen der Karriereleiter oder einem prall gefüllten Bankkonto. Erfolg kann auch ein gesundes, soziales Umfeld sein, der tägliche Sport, das Bild zu vollenden, welches Du vor Jahren begonnen hast zu malen, das Buch zu schreiben, das Dir schon so ewig im Kopf herum geht, neue Freunde zu finden, den Mut zu einer Reise aufzubringen, endlich den Kochkurs zu machen, den Du vielleicht schon seit Jahren buchen willst oder auch einfach nur zur Ruhe zu kommen und mit Dir selbst Frieden zu schließen. Erfolg hat so viele Gesichter und es wäre schade, sich nur auf eines davon zu fixieren. Dieses Buch soll dabei helfen, den Mut zu finden etwas Neues zu wagen, die Komfortzone zu verlassen, die uns oft daran hindert Erfahrungen zu machen und es soll dabei helfen uns selbst besser kennenzulernen. Denn eins steht fest: Ohne uns selbst zu kennen, können wir nur schwerlich erfolgreich sein.

Erfolg hat, wie bereits oben geschrieben, viele Gesichter und definiert sich für jede Person anders. Und das ist auch gut so. Erfolg ist kein starres Prinzip. Es ist ein wandelbarer und anpassungsfähiger Marathon. Einen Sprint ans Ziel darfst Du hier nicht erwarten. Am Ende dieses Buches wirst Du einen Überblick darüber haben, was es im Leben braucht, um erfolgreich zu sein und die Ziele, die Du Dir gesteckt hast zu erreichen. Du wirst außerdem lernen was Erfolg bedeutet und wie ein positives Mindset Dir dabei helfen kann Deine Ziele zu erreichen. Wir arbeiten gemeinsam daran, wie Du Deine Prokrastination, also den inneren Schweinehund oder auch die mundartliche Aufschieberitis, überwindest und die richtige Motivation für Dich findest. Du wirst außerdem Dein neu erlangtes Wissen nutzen können, um es auch an andere Menschen weiterzugeben, um diese zu trainieren und ihnen bei einem positiven Mindset zu helfen. Dein Wissen festigst Du mit leichten Übungen in den jeweiligen Kapiteln und am Ende des Buches findest Du weitere Übungen & Spiele für jede Alters- und Zielgruppe.

Dein Erfolg beruht einzig und allein auf Deinen Ressourcen, Talenten und Fähigkeiten. Du bist ein einzigartiger, wunderbarer Mensch und nur Du allein bist für Dein Glück und Deinen Erfolg verantwortlich. Du bist ein Geschenk für diese Welt und genauso solltest Du Dich auch sehen. Also ergreife die Initiative und starte jetzt!

Erfolg

Erfolg

Was ist Erfolg?

Erfolg. Ein sehr mächtiges Wort. Erfolg ist oft das Einzige, das uns ein ganzes Leben lang begleitet. Unsere Eltern sind stolz, wenn wir als Baby die ersten Fortschritte machen. Wir lernen zu laufen, zu sprechen, zu lesen und auf die Toilette zu gehen. Erfolge! Wir sind stolz auf uns, wenn das erste gemalte Bild, für das wir uns sehr viel Mühe gegeben haben, den Weg an den elterlichen Kühlschrank findet, wir sind stolz auf unsere guten Noten die wir als Erfolg unseres Lernens mit nach Hause bringen. Dies sind alles kleine Erfolge in unserem alltäglichen Leben, die wir aber sehr gerne als solche nicht mehr wahrnehmen, da sie schon zur Gewohnheit geworden sind. Der Mensch wird schon als Baby darauf trainiert Erfolge zu erzielen. Ohne Erfolge hätte der Mensch, als Spezies, es immerhin nicht dorthin geschafft, wo wir heute sind. Immerhin ist eines der Merkmale, die man mit uns als menschliche Spezies verknüpft, der Erfolg der Entwicklung. Also die Überlebensrate bis hin ins Erwachsenenalter und wie viel Nachwuchs wir in die Welt setzen. (Wissenschaft.de, 2012)

Du siehst also, unser ganzes Leben basiert auf Erfolgen und Misserfolgen. Ohne dieses Konzept wäre der Mensch nicht in der Lage gewesen sich weiterzuentwickeln. Wir hätten niemals gelernt das Feuer zu beherrschen oder wir hätten niemals das Rad erfunden. Nicht ohne Grund, sind wir die erfolgreichste Spezies dieses Planeten. Wir haben uns durch Jahre der Dürren, Kälten, Seuchen und Naturkatastrophen gekämpft und haben geschafft dies alles zu überleben. Simple as that!

Denken wir an Erfolg kommen uns aber auch sofort bestimmte materialistische Bilder in den Kopf. Dagegen können wir gar nichts tun. Denn der Blick auf Erfolg hat sich im Laufe unserer Geschichte gewandelt. Wir müssen kein Feuer mehr machen, um uns nachts vor Raubtieren zu schützen oder rohes Fleisch braten zu müssen. Diese Erfolge wurden bereits durch unsere Vorfahren errungen und haben für uns persönlich keinen Mehrwert mehr. Stattdessen hat sich Erfolg innerhalb unserer Gesellschaft in etwas Materielles und Monetäres gewandelt. Der erfolgreiche Manager zum Beispiel, der in seinem teuren Auto durch Monaco fährt und nur in den teuersten Restaurants einkehrt. Die zweifache Olympiasiegerin die sich erneut für eine Goldmedaille feiern lässt. Eine Influencerin die, wie jede Woche, ein vollgepacktes Geschenkpaket einer teuren Luxusmarke öffnet. Oder auch der Junge / das Mädchen, die einfach mit Leichtigkeit gute Noten schreiben, ohne wirklich dafür zu lernen, die jede Menge Freunde haben und noch dazu einfach so gut aussehen, ohne täglich beim Sport zu schwitzen. Diese Menschen haben offensichtlich Erfolg. Zumindest in den Augen derer, die sich selbst als weniger erfolgreich betrachten.

Doch stimmt das und was genau definiert eigentlich „Erfolg“ oder „Misserfolg“? Muss erfolgreich zu sein immer bedeuten, dass das Bankkonto prall gefüllt und der nächste Traumurlaub auf den Malediven schon gebucht ist? Oder können auch kleinere Ziele einen erfolgreichen Menschen ausmachen? Ist Erfolg gleichzusetzen mit Glück? Wir betrachten die Materie „Erfolg“ nun mal etwas genauer.

Der Duden beschreibt Erfolg als „positives Ergebnis einer Bemühung“. Eine schwammige Formulierung, die nicht wirklich etwas aussagt, außer, dass man, um Erfolg zu haben etwas tun muss. Ohne eine Bemühung, kein Erfolg. Eine Bemühung kann hier vieles bedeuten. Eine gute Note zu schreiben in einem Schulfach, in dem man sonst weniger gute Note schreibt. Für einen Menschen, der gerade einen schweren Schicksalsschlag erlitten und in eine Depression verfallen ist, kann es eine Bemühung sein, morgens aus dem Bett aufzustehen. Schafft er dies, dann ist das für ihn ein Erfolg. Erfolge sind nicht automatisch an materielle Dinge oder einen Status geknüpft. Auch wenn uns die Gesellschaft dies gerne glauben lassen möchte. Im Groben gesprochen, setzen wir uns also ein Ziel, im besten Fall erreichen wir es (oder auch nicht) und das Ergebnis aus dieser Bemühung ist der Erfolg oder der Misserfolg.

Ist der Hollywood-Star auf dem roten Teppich erfolgreich? Aus finanzieller Sicht gesehen ist er das sicherlich. Vielleicht wünscht sich dieser Mensch jedoch nichts sehnlicher als einen stabilen Freundeskreis oder ein gesundes Privatleben ohne Paparazzi. Er möchte einfach mehr Zeit für sich, für seine Familie und er möchte nicht mehr jeden Tag sein Gesicht auf einem anderen Boulevard-Blatt sehen, geschmückt mit hetzerischen Überschriften. Da er dieses Ziel jedoch nicht ohne weiteres erreichen kann, da sein aktueller Bekanntheitsgrad dies nicht zulässt, ist er in diesem Bereich seines Lebens nicht erfolgreich. Er verzeichnet einen Misserfolg. Verfügt er über keine stabile Persönlichkeit und den festen Willen an seinen Erfolgen in diesen Bereichen zu arbeiten, wird er schnell demotiviert sein und das Erreichen seiner Ziele aufgeben. Dieses Beispiel lässt sich auf viele Bereiche in unserem persönlichen Alltag übertragen.

Du hast also gelernt: Erfolg bedeutet nicht automatisch, viel Geld oder Einfluss zu haben. Das unterstützt auch eine repräsentative Umfrage der Plattform LinkedIn unter deutschen Arbeitnehmer/innen und das Ergebnis überrascht. Während Erfolg im Berufsleben oft gleichgesetzt wird mit einer guten Position im Unternehmen, einem hohen Jahresgehalt oder einem gut ausgebauten Netzwerk, bewies die Studie, dass der Fokus der deutschen Arbeitnehmer/innen auf anderen Erfolgsfaktoren liegt.

Erfolg ist der Umfrage nach nicht das Erklimmen der steilen Karriereleiter, sondern

- 72% der Befragten gaben an, dass „glücklich zu sein" für sie der größte Erfolg sei.
- Gefolgt von 71% die angaben, dass „gesund zu sein" für sie der größte Erfolg ist.
- Es folgten 49% mit „Freunde und Familie zu haben",
- 27% mit „berufliche Errungenschaften",
- 16% mit „eine Gehaltserhöhung erhalten" und für nur
- 12% der Befragten ist „ein sechsstelliges Gehalt" zu beziehen die Definition für Erfolg.

(LinkedIn, 2022)

Erfolgreich im Job (der Schule oder auch privat) zu sein, bedeutet also nicht, dass man automatisch glücklich ist. Erfolgreich sein bedeutet nur, dass wir ein Ziel erreicht haben, das wir uns gesetzt haben. Wir Menschen müssen einige Bedürfnisse stillen, bevor wir uns als „glücklich" bezeichnen. Erfolgreich zu sein ist nur ein kleiner Teil davon.

Betrachten wir das Ganze rein wissenschaftlich, dann gibt es keine genaue Definition von Erfolg. (Springer Lexikon, 2022) Das hat den Hintergrund, dass Erfolge zu Komplex und zu unterschiedlich sind, als dass man sie bemessen könnte. In einem Unternehmen spricht man von Erfolg, wenn Gewinn erzielt wird. Der französische Soziologe Pierre Bourdieus (1930-2002) spricht von Erfolg, wenn ein Indikator wie Macht, Geld oder Prestige erfüllt ist. Zumeist wird Erfolg aber als Vergleich zu KonkurrentInnen betrachtet und als notwendig angesehen. In der Psychologie hingegen beschreibt Erfolg ein positives Verstärkungserlebnis. (Springer Lexikon, 2022)

In der Motivations- und Lernpsychologie, welche seit den dreißiger Jahren durch Hoppe und Lewin untersucht wird, bezeichnet Erfolg bestimmte Verstärker, die ein ähnliches Verhalten zukünftig wahrscheinlicher machen. (Springer Lexikon, 2022)

Was bedeutet das? Erfolg ist ein emotionales Erlebnis. Es versetzt uns in ein Hochgefühl. Wir fühlen uns gut. Während Misserfolg uns ein schlechtes Gefühl vermittelt. Bei zu schweren oder zu leichten Aufgaben bleibt das Gefühl von Erfolg oder Misserfolg aus. Gefühle treiben uns also dazu an einen Erfolg zu erzielen, beziehungsweise einen Misserfolg zu vermeiden. Dieses Verhalten nennt man auch Leistungsmotiv und ist ein Teil der Leistungsmotivation. (Spektrum, 2022) Es beschreibt unser Bestreben auf „Hoffnung auf Erfolg" oder „Furcht vor Misserfolg". Ist man eher bestrebt einen Erfolg zu erringen, dann spricht man von einer Erfolgsmotivation wohingegen das Vermeiden eines Misserfolgs als Misserfolgsmotivierung deklariert wird. Das Leistungsmotiv ist die Grundlage der Erfolgsanstrebung. Ein Mensch mit einer Erfolgsmotivation ist tendenziell bestrebter einen Erfolg zu erzielen, und somit „Stolz" zu empfinden, als ein Mensch mit einer Misserfolgsmotivation, der in der Erwartung von „Scham", keinen

Versuch startet etwas zu erreichen. Gekoppelt mit der Erfolgswahrscheinlichkeit, die die Erwartung an das Erreichen des Ziels darstellt und der Erfolgsverstärkung (schweres oder leichtes Ziel), ergibt sich die emotionale Empfindung von „Stolz“ oder „Scham“ bei Erfolg oder Misserfolg.

Persönliche Definition von Erfolg

Erfolg ist so individuell wie jeder einzelne von uns. Jeder Mensch definiert seinen persönlichen Erfolg anders. Nehme ich mich selbst als Beispiel, dann kann ich sagen, dass ich mich dann als erfolgreich betrachte, wenn ich eine gesunde Ehe führe und ein stabiles soziales Umfeld habe. Den Managerposten in einem großen Unternehmen innezuhaben, habe ich für mich nicht als Ziel meines Lebens definiert, habe also keine Motivation diesen Posten zu erreichen und verbuche es auch nicht als Misserfolg, wenn ich nicht der Manager dieses Unternehmens werde. Scheitert hingegen meine Ehe, weil ich nichts dafür getan habe sie gesund zu erhalten, dann ist das ein persönlicher Misserfolg und wird mich negativ treffen.

Doch wie definiert man für sich persönlich „Erfolg“? In Zeiten des Internets, gibt es sehr viele verschiedene Ansatzweisen und Theorien, um im Leben erfolgreich zu sein. Nutzt man also eine große Suchmaschine, um herauszufinden wie man Erfolgreich wird im Leben, kann das schnell mehr Verwirrtheit als Klarheit schaffen. Des Weiteren definiert sich mittlerweile jeder zweite Influencer, auf Plattformen wie Instagram oder TikTok, sinnbildlich als Inbegriff des positiven Mindsets und des Erfolgs. Es wird uns vorgegaukelt, dass man nur dann erfolgreich ist, wenn man die teuren Schuhe der Luxusmarke trägt, mindestens drei Mal im Jahr in einen teuren Urlaub fliegt und ohne das Auto einer Premiummarke und eine Kreditkarte ist man ja sowieso nichts. Weder erfolgreich noch glücklich.

Doch, stimmt das? Der soziale Druck von außen wächst und man verliert leicht die eigenen Ziele aus den Augen. Man soll möglichst schlauer sein als das Nachbarskind, mehr verdienen als die männlichen Kollegen und das perfekte Elternteil sein. Man darf sich aber auch nicht gehen lassen, man muss immer perfekt aussehen, muss die Finanzen unter Kontrolle haben und jeden Tag gesund essen. Unrealistische Ziele werden in den Fokus gerückt und man verliert sich in einer gefakten Welt, die nur auf Konsum ausgelegt ist. Noch nie waren ein positives Mindset und der daran geknüpfte Erfolg im Leben so heiß umworben wie zu Zeiten von Social Media. In den sozialen Medien entwickelt sich eine regelrechte Industrie, jedoch ohne einen positiven Mehrwert, ohne wirklich zu erklären, wie man dieses Mindset erarbeitet, erhält und weiterentwickelt. Wie sich daraus positive Erfolge in unserem Leben einstellen und wie wir mit Misserfolgen umgehen können, ohne unsere positiven Gedanken wieder zu verlieren. Um erfolgreich zu sein, müssen wir keine teuren Seminare buchen, Abos bei Life-Coachs abschließen oder jeden Tag die bezahlten Werbeposts eines bestimmten Influencers konsumieren. Wir müssen keine überteuerten, durch Werbung gepushten, Supplements kaufen, um erfolgreich in einen Tag zu starten. Wer dies tut, der wird in erster Linie feststellen, dass das Bankkonto immer leerer wird, es einem im besten Fall körperlich unverändert geht, das Mindset und somit der Weg zum Erfolg jedoch gleichbleibt. Veränderung und Erfolg fängt in unseren Gedanken an, nicht in unseren Brieftaschen.

In erster Linie müssen wir uns selbst kennenlernen. Wir müssen verstehen, was unsere Ziele sind im Leben. Was wollen wir wirklich? Wir müssen verstehen, welche Ressourcen wir dafür aufbringen können und wir müssen verstehen, ob wir die gesetzten Ziele mit den uns zur Verfügung stehenden Ressourcen erreichen können. Setzen wir uns Ziele, die für uns unrealistisch und nicht zu erreichen sind, dann überschreiten wir unsere Ressourcen. Das Ergebnis ist ein Misserfolg, gefolgt von Demotivation und einem negativen Mindset. Wer dies schon einmal versucht hat, der wird feststellen, dass es gar nicht so einfach ist seine Gedanken zu sammeln und eine klare Antwort darauf zu finden, was man wirklich möchte.

Wir machen nun eine kleine Übung. Nimm Dir also mal Zeit nur für Dich selbst. Du gehst an einen Ort, an dem Du Dich wohlfühlst. Das kann das eigene Zimmer sein, der Garten, ein Plätzchen im Wald. Du legst ein Handy-Detox ein. Es bleibt ausgeschaltet oder zuhause. Stattdessen nimmst Du Dir nur Deine Gedanken und, wenn Du möchtest, einen Schreibblock und einen Stift mit. Und während Du nun an einem Ort sitzt, an dem Du Dich wohlfühlst, sollst Du Dich darauf konzentrieren, was Du wirklich willst im Leben.

Das kann eine stabile Freundschaft sein, auf die Du Dich verlassen kannst, bessere Noten in einem Fach, in dem Du Dich schwertust, das Malen eines Bildes oder Dir im Alltag mehr Zeit zu nehmen für das geliebte Haustier. Vielleicht möchtest Du auch ein paar Kilo abnehmen, Dich mehr bewegen oder erfolgreicher werden im Job. Du schreibst Dir Dein Ziel nun auf. Es können auch mehrere Ziele sein, jedoch sollten sie realistisch sein.
Wer sich das Ziel setzt innerhalb einer Woche Millionär zu werden, der setzt sich ein unrealistisches Ziel, denn er hat nicht genügend Ressourcen, um dieses Ziel zu erreichen. Nehmen wir das Beispiel der Gewichtsreduktion. Du setzt Dir das das Gesamtziel von 10kg. Dieses kannst Du aber nicht innerhalb einer Woche erreichen.

Was ist also ein realistisches Ziel innerhalb einer Woche? Da Radikaldiäten nicht zielführend und auch nicht erfolgreich sind, gehen wir von dem Maßstab eines bekannten Gesundheitsportals aus und sagen eine Abnahme von ca. 500 Gramm pro Woche ist realistisch. (Navigator Medizin, 2022)

Wir haben also nun ein Gesamtziel gesetzt (10kg Abnahme) und wir haben ein Wochenziel gesetzt (500gr Abnahme). Was benötigen wir nun, um diese Ziele zu erreichen? Wir müssen unsere Ressourcen einschätzen. Wer zuvor sehr unsportlich war und nur ungesund gegessen hat und sich nun das Ziel setzt 10.000 Schritte am Tag zu laufen und nur noch Gemüse zu essen, um sein Abnehm-Ziel zu erreichen, der wird schnell frustriert sein. Denn die eigenen Ressourcen geben dies nicht her. Schnell merken wir, dass uns das gesetzte Ziel überfordert. Wir verlieren unsere Motivation und beginnen ein schlechtes Mindset zu entwickeln. Wir verlieren uns in schlechten Gedanken und kommen zu dem Schluss, dass wir unser Ziel sowieso nie erreichen werden.

Wie kommst Du nun effektiv an Dein gesetztes Ziel? Die Antwort ist: Fange klein an! Du fängst an mit 1.000 Schritten am Tag und versuchst mehr gesunde Lebensmittel in Deinen Alltag einzubauen und schließlich steigerst Du Dich langsam, aber stetig, um 500 Schritte pro Woche und mehr gesunde Mahlzeiten. Schnell werden sich die ersten Erfolge einstellen, auch auf der Waage und Deine Motivation wandelt sich nicht in Demotivation. Du bleibst am Ball! Und nach ein paar Wochen wirst Du erfolgreich sein und Dein Gesamtziel erreicht haben.

Dieses Konzept vom Identifizieren seiner eigenen Ziele und Ressourcen, lässt sich auf jeden persönlichen Erfolg übertragen, den man erreichen möchte. Wir müssen nur wieder lernen fair zu uns selbst zu sein und unseren Geist und Körper nicht mit unrealistischen Zielen zu überfordern. Denn meistens sind dies nicht die Erfolge, die wir uns für uns selbst wünschen, sondern die uns von außen auferlegt wurden.

Fundament des Erfolgs

Fundament des Erfolgs

„Um erfolgreich zu sein, musst Du hart arbeiten und hast Du dann immer noch keinen Erfolg, arbeitest Du nicht hart genug!“

So oder so ähnlich stelle ich mir das tägliche Mantra eines Großkonzernmanagers vor. Natürlich mit einem zwinkernden Auge, denn natürlich kann ich nicht in deren Köpfe schauen. Sinnbildlich soll es jedoch für das stehen, was uns von der Gesellschaft indoktriniert wird. Ohne harte Arbeit haben wir keinen Erfolg. Und wenn Du eben trotz harter Arbeit keinen Erfolg hast, dann sollest Du es vielleicht einfach lassen. Wir leben in einer leistungsorientierten Gesellschaft, in der Leistungsschwächeren gerne noch Steine in den Weg gelegt werden, anstatt ihnen darüber zu helfen.

Ein drastisches und auch trauriges Beispiel für einen negativen Erfolgsdruck in unserer Leistungsgesellschaft ist wohl die Modell- und Film-Industrie. Auch wenn sich hier sehr langsam ein positiver Wandel einstellt, ist diese Industrie immer noch ein Sinnbild dafür, was in unserer Gesellschaft falsch läuft. Du kannst noch so talentiert sein, bist du nicht hübsch, nicht dünn oder nicht groß genug, dann wirst du niemals Erfolg haben. Egal wie hart du arbeitest. Zumindest suggeriert uns das diese Industrie, gefolgt von den daran hängenden Magazinen, TV-Sendungen, etc.

Die Ergebnisse aus diesem Leistungsdruck sind Mädchen und Jungen, die hungern, um Idealmaße zu erreichen oder bis zum letzten Tropfen Schweiß trainieren, um kein Gramm Fett anzusetzen. Eine Generation voller Selbstzweifel und fehlender Liebe zu sich selbst. Dass das weder gesund für die Psyche noch für den Körper sein kann, dass braucht man niemandem zu erklären. Trotzdem werden diese Industriezweige regelrecht verehrt. Dies war ein drastisches Beispiel, doch wie so oft, leider nur eines von vielen.

Folgt man nun wieder der Theorie von Shawn Achor und seinem Happiness-Prinzip (Achor, 2022), kommen wir zu folgender Schlussfolgerung: Jedes Mal, wenn wir einen Erfolg erzielen, verschiebt sich unsere Ziellinie weiter nach oben. Der Gedanke, dass wir erfolgreich sein müssen, um glücklich zu sein ist in unseren Köpfen fest verankert. Spätestens seit Beginn der Schulzeit, wenn eine gute Note durch fleißiges Lernen uns glücklich machte und eine schlechte Note uns ein Gefühl des Versagens gab. Ein trauriger Kreislauf. Dabei sind wir Menschen doch so viel mehr als gute oder schlechte Noten, als Talente oder ein hübsches Erscheinungsbild, um wieder auf das oben genannte Beispiel zurückzugreifen.

Noch mal zurück zu Shawn Achors Happiness-Prinzip. Macht es nicht viel mehr Sinn, wenn wir erst an unserem persönlichen Glück arbeiten? Geht uns die Arbeit dann nicht viel leichter von der Hand? Ich denke: Ja, absolut! Mit einem positiv gestimmten Gedankengut und einer positiven Einstellung zu unserem eigenen Leben, zu uns selbst als Mensch, als Individuum, wandelt sich vieles, das zuvor grau erschien, in glücklichere Farben. Das Leben wird leichter, unbeschwerter und negative Rückschläge sind für uns leichter zu verarbeiten.

Das Fundament des Erfolgs besteht also nicht aus harter, schweißtreibender Arbeit. Ganz im Gegenteil. Der Ansatz „Work hard" kann auf die Dauer sehr frustrierend sein, wenn der gewünschte Erfolg trotz aller Anstrengungen ausbleibt. Werfen wir mal einen kurzen Blick in unser hausinternes Rechenzentrum: Unser Gehirn. Was für einen dauerhaften Schaden kann eine „Work hard"-Einstellung anrichten? Ich bin der Meinung: Einen sehr großen! Stecken wir all unsere Energie in das Erreichen eines Erfolges und dieser bleibt aus, verlieren wir uns in negativen Gedanken. Wir empfinden uns nicht mehr als wertig genug, das Selbstvertrauen sinkt, wir scheuen vor neuen Herausforderungen. Die Ergebnisse können ein Burnout, Depressionen oder Minderwertigkeitsgefühle sein. Und das haben wir sicherlich nicht verdient. Unser Fokus muss sich deutlich verschieben. Weg von dem, gerade in unserem Schulsystem, immer stärker werdenden Leistungsdruck, hin zu mehr Selbstwahrnehmung, Selbstliebe und einem positiven Gedankengut.

Ich möchte hier das Beispiel eines Springpferdes zu Hilfe nehmen: Von Natur aus sind diese wunderbaren Tiere nicht dazu ausgelegt über solch hohe Hindernisse zu springen. Es erfordert Training, Ausdauer, Selbstbewusstsein, Vertrauen und eine positive Einstellung zu der gestellten Aufgabe. Verlangt der Reiter direkt zu viel, ohne ein realistisches und erreichbares Ziel zu setzen, dann wird das Pferd, aufgrund der Anstrengung und dem fehlenden Vertrauen, seine positive Einstellung verlieren. Das Ergebnis ist im schlimmsten Fall ein Sturz und eine Verletzung. Selbstbewusstsein, Vertrauen und positive Einstellung sind dahin. Das Tier wird zukünftig vor Hindernisse scheuen und nicht mehr freiwillig springen. Der Schaden ist angerichtet. „Work hard“ war hier also der falsche Ansatz. Dieses Prinzip können wir auch auf uns Menschen adaptieren, denn das Belohnungszentrum funktioniert bei allen Lebewesen mit dem gleichen Prinzip: „Ich habe Vertrauen, ich habe eine positive Einstellung, ich habe das Selbstbewusstsein und ich habe mir das nötige Können erarbeitet, um die Aufgabe zu meistern!“ – Das Ergebnis dieser positiven Einstellung zu uns selbst und zu dem was wir können, ist ein Erfolg.

Ich selbst habe mir das Fundament zum Erfolg immer als ein Haus vorgestellt, welches auf drei Säulen steht:

1. Persönliches Umfeld,
2. Mindset und
3. Beharrlichkeit.

Dabei ist die mittlere Säule die wichtigste, denn sie bringt die nötige Stabilität. Selbst wenn eine der anderen beiden Säulen mal bröckelt, kommt das Haus nicht ins Wanken, denn die mittlere Säule ist so breit und gefestigt, dass sie das Ungleichgewicht auffängt. Wir werfen nun einen näheren Blick auf diese drei Säulen.

Persönliches Umfeld

„Willst du dich selber erkennen, so sieh wie die andern es treiben. Willst du die andern verstehen, blick in dein eigenes Herz." - Zitat, Friedrich Schiller

„Du bist der Durchschnitt der 5 Menschen, mit denen du die meiste Zeit verbringst." - Jim Rohn, Motivationscoach

Obiges Zitat von Jim Rohn scheint auf den ersten Blick nicht wirklich vielsagend, geben wir uns die Mühe den Inhalt jedoch zu analysieren, dann erschließt sich schnell eine gewisse Logik dahinter. In unserem Gehirn gibt es so genannte Spiegelneuronen. Diese sind dafür zuständig Gefühle und Stimmungen in Dir auszulösen, wenn Du gerade etwas beobachtest. Die Spiegelneuronen sorgen also dafür, dass wir unser Umfeld spiegeln und andersherum, dass auch unser Umfeld uns widerspiegelt. Du kennst sicherlich die Redewendung, dass ein Lächeln ansteckend ist. Diesen Umstand haben wir den Spiegelneuronen zu verdanken. Ebenso wie den Umstand, dass wir uns ungern mit Menschen umgeben, die stets eine schlechte oder negative Laune ausstrahlen. Wir passen uns unserem Umfeld an und unser Umfeld passt sich uns an. Unser Umfeld beeinflusst uns in allen Lebensbereichen, egal ob auf privater, beruflicher oder sogar gesundheitlicher Ebene.

Ein gesundes und stabiles persönliches Umfeld ist fördernd für die Richtung, in die wir uns entwickeln, jedoch nicht ausschlaggebend. Dabei geht es nicht nur um die Familie, sondern auch um Partnerschaften und den Freundeskreis. Dabei ist wichtig zu wissen, dass Kinder, welche aus so genannten „schwierigen Verhältnissen" kommen, nicht automatisch in die gleiche Schiene verfallen, die ihr Umfeld ihnen vorlebt. Ganz im Gegenteil. Ein Großteil dieser Kinder führt im Erwachsenenalter ein intaktes Leben. Wohingegen Kinder aus einem stabilen Umfeld später an Alkoholsucht oder psychischen Erkrankungen leiden. Doch woran liegt das? Kinder aus „schwierigen

Verhältnissen“ lernen früh mit Schicksalsschlägen und Überforderung umzugehen. Ihre Resilienz, also ihre Stressresistenz, ist höher als bei Kindern aus „einfachen Verhältnissen“. Sie müssen früh lernen Probleme und Schicksalsschläge eigenständig zu verarbeiten. Dies formt den Charakter, jedoch nicht den weiteren Lebensweg. Dabei ist die Resilienz nur zu 50% genetisch veranlagt, die restlichen 50% hängen von der Persönlichkeit ab. (Detektor FM, 2022)

Eine gesunde Portion Optimismus und ein positives Mindset beeinflussen maßgeblich, wie wir mit Stress im Leben umgehen.
Sprechen wir jedoch von schwerwiegenden Traumata, welche wir durch unsere Kindheit erlitten haben, wird ein positiv gestimmtes Leben schwerer, jedoch auf keinen Fall unmöglich. Zusammen mit einem guten Therapeuten ist es durchaus möglich, eine tiefgreifende, positive Persönlichkeits-entwicklung zu erreichen. Oft sind die Traumata unverarbeitet, unterdrückt und in einer Schublade ganz tief in unserem Inneren verschlossen. Dadurch wird es schwer, überhaupt festzustellen, dass man ein solches Trauma erlitten hat. Hier ist es wichtig zuerst sich selbst kennenzulernen.

Wie reagiere ich in bestimmten Situationen?

- Kann ich offen und selbstständig reden und handeln?
- Reagiere ich oft wütend oder ablehnend?
- Kann ich Lob annehmen?
- Kann ich mich auf Konflikte einlassen oder neige ich zur Flucht?
- Mag ich vielleicht sogar Streit und lege es regelrecht darauf an?
- Neige ich dazu, mich ständig für alles zu entschuldigen?

Dies sind nur einige der Anhaltspunkte, an denen ein Trauma in der Kindheit erkannt werden kann. Dabei muss ein Trauma nicht zwingend mit körperlicher Gewalt einhergehen. Ein Trauma kann auch durch mangelnde Liebe im Elternhaus oder Demütigungen in der Kindheit entstehen. Der erste Schritt in die richtige Richtung ist es, sich selbst zu verstehen und sich selbst einzugestehen, dass man ein Trauma erlitten haben könnte in der Kindheit. Der zweite Schritt wäre idealerweise mit einem Therapeuten zu sprechen und das Thema aufzuarbeiten.

Doch was hat nun ein Kindheitstrauma oder ein instabiles persönliches Umfeld mit Erfolg zu tun? Die Antwort ist recht simple: Es blockiert uns im Kopf. Unser ganzes Leben ist ein Sozialkonstrukt. Es gibt nur sehr wenige Menschen, jene die man landläufig wohl als Einsiedler bezeichnen würde, die es schaffen, ohne jeglichen Sozialkontakte in ihrem Leben auszukommen. Der Rest ist auf soziale Kontakte angewiesen, sowohl privat als auch beruflich. Soziale Interaktionen sind in unserem Alltag voll integriert und nicht wegzudenken. Sind diese sozialen Interaktionen nun negativ geprägt, dann rauben sie uns unsere Kraft, unsere Motivation und unseren Willen. Wir verwenden Energie darauf zu analysieren, weshalb und wieso diese negativen Sozialkontakte so sind wie sie sind. Ob wir etwas besser machen könnten und ob es am Ende sogar unsere Schuld ist, dass unser Umfeld negativ ist. Gleiches gilt für ein verschlepptes Kindheitstrauma. Es blockiert uns im alltäglichen Leben. Vielleicht, weil wir nicht gern mit anderen Menschen interagieren, vielleicht weil andere Menschen nicht gern mit uns zusammen sind, da wir oft unverhältnismäßig zornig reagieren. Die Gründe sind zahlreich. Doch keiner der Gründe kann uns an einem positiven Leben hindern, wenn wir es denn wirklich wollen.

Sehr selten können wir den Fehler tatsächlich bei uns selbst ausmachen, sobald es um ein negativ geprägtes Umfeld geht. Zumeist verfangen wir uns in toxischen zwischenmenschlichen Beziehungen und bis wir erkennen, dass es sich um eine solche handelt, ist der Schaden bereits angerichtet. In manchen Fällen, zum Beispiel wenn ein narzisstisches Elternteil mit ins Spiel kommt, haben wir nicht einmal die Chance uns dem negativen Einfluss zu entziehen. Als Kind sind wir der Toxizität mancher Menschen hilflos ausgeliefert. Auch hierdurch können schwerwiegende Traumata entstehen. Einen, oder im schlimmsten Fall mehrere, toxische Menschen in seinem persönlichen Umfeld zu haben, ist Gift für die Seele. Psychischer Missbrauch wird zur Tagesordnung, zur Normalität.

Keeley Abbotta, Forscherin an der Birmingham City University, forschte 2020 an einer Studie zu Erfahrungen in romantischen Beziehungen und die Erwartungshaltung an eine Beziehung im Teenageralter. Ihre Probanden / Probandinnen waren dabei zwischen 13-18 Jahre alt. Das erschreckende Ergebnis war, dass ein Großteil der Befragten zwanghaft kontrollierendes Verhalten mit Liebe gleichsetzte. Das ist von daher erschreckend, dass Toxizität in einer zwischenmenschlichen Beziehung, also psychische Gewalt gegenüber dem Partner / der Partnerin, eine Form der Normalität angenommen hat. Dabei können, laut der Psychologin Nora Rebekka Krot, sich wiederholte Demütigungen und Verunsicherungen in schweren psychischen Erkrankungen niederschlagen. (Spektrum.de, 2022) Dieses toxische Verhalten findet sich jedoch nicht ausschließlich in romantischen Beziehungen wieder, auch ein überkontrollierendes, demütigendes Elternteil oder eine eifersüchtige beste Freundin können auf eine toxische Beziehung hindeuten und sollten stark hinterfragt werden.

Sich von toxischen Menschen zu lösen ist oft alles andere als leicht, denn diese Menschen verstehen sich sehr gut darin, andere klein zu halten und zu manipulieren. Irgendwann fühlt sich das Opfer so abhängig von dem Manipulator, dass es undenkbar wäre diesen Menschen aus seinem Leben zu streichen. Das Opfer fällt in eine negative Abwärtsspirale, aus der es nur schwer entkommen kann. Doch auch hier gilt unser Motto: Nichts ist unmöglich!

Stellst Du fest, dass Du selbst Opfer eines oder mehrerer toxischer Menschen bist, solltest Du Dir überlegen, wie genau Deine nächsten Schritte aussehen werden. Unter anderem gibt es ein Hilfe Telefon, an das sich Männer und Frauen wenden können, wenn sie zum Beispiel an häuslicher Gewalt leiden. Egal ob diese Gewalt psychischer oder physischer Natur ist. Ein weiterer Schritt ist es diese Menschen aus Deinem Leben zu entfernen. Leicht machen werden sie es Dir jedoch nicht. Und je enger die Beziehung ist, z.B. zur eigenen Mutter, umso schwieriger und emotional anspruchsvoller wird die Abnabelung. Hier hilft nur: Durchhalten, durchhalten, durchhalten! Sie werden Besserung loben, sich verändern wollen, generell das Blaue vom Himmel versprechen. Das liegt daran, dass man einen Narzissten am heftigsten trifft, wenn man ihm die Aufmerksamkeit nimmt. Am einfachsten ist es hier, der Person erst mal alle digitalen Kontaktmöglichkeiten zu entziehen. Du nutzt das, zugegeben etwas negativ behaftete „Ghosting", für Dich, um Deinen Befreiungsschlag zu unterstützen. Doch Du wirst sehen, auch wenn die ersten Tage, Wochen, Monate hart und schlimm sein werden, Dein Leben wird ohne diese Menschen leichter. Du wirst dich befreit und erlöst fühlen. Du wirst Dich selbst wieder kennenlernen, Du wirst verstehen wer Du wirklich bist und Du wirst wieder lernen Dich selbst zu lieben und Dir ein positives Gedankengut anzueignen.

Neben den toxisch-narzisstischen Menschen in unserem Umfeld, gibt es aber auch jene die eine toxische Positivität ausstrahlen. Wir alle kennen mindestens einen Menschen, der alles Negative in seinem Leben ausblendet und nur noch beseelt durch die Welt tänzelt. In ihrem/seinem Gedankengut scheint es keinen einzigen pessimistischen Gedanken zu geben. Doch Vorsicht! Diese Menschen meinen es zwar meistens gut, doch auch eine toxische Positivität kann krank machen.

Optimismus ist genauso realistisch wie Pessimismus: Schließlich gibt es so gut wie nichts, das nur positiv oder nur negativ ist. Auf welche Aspekte wir uns konzentrieren, entscheiden wir jedoch selbst. (Metawechsel.ch, 2022)

Zu einem persönlichen Umfeld gehören nicht nur die familiären oder freundschaftlichen Menschen, die uns umgeben. Auch unsere

- Hobbies,
- Haustiere,
- unsere Arbeitsstelle,
- unsere Kollegen,
- die Stadt in der wir wohnen und
- zuletzt auch unsere Wohnung

tragen dazu bei, ob wir uns wohl in unserer Haut fühlen oder nicht. Viele negative Einflüssen können wir gut durch positive Faktoren kompensieren. Haben wir, als Beispiel, einen Kollegen oder eine Kollegin, die uns immer nervt, dafür aber viele nette Kollegen und Kolleginnen, dann gleicht das Positive das Negative aus.

Anders sieht es jedoch aus, wenn wir in einer Stadt oder in einer Wohnung leben, in der wir uns nicht wohlfühlen. Kommen wir eigentlich vom Land, fühlen uns dort wohl, und sind aufgrund unseres Jobs dazu gezwungen in die Stadt umzuziehen, dann kann dieser Umstand dazu führen, dass wir uns entsprechend unwohl fühlen. Selbst das geliebte Haustier, unser Hobbie oder der tolle Job können dieses Ungleichgewicht nicht wieder ins Lot bringen. Einen solchen Missstand können wir als Mensch nur eine gewisse Zeit lang ertragen, bevor unsere seelische Gesundheit darunter Schaden nimmt. Oftmals treffen wir Entscheidungen, welche unser Leben maßgeblich beeinflussen, aus dem Bauch heraus. Man sollte zwar öfter mal auf sein Bauchgefühl hören, jedoch schadet es auch nicht eine gute Portion Verstand einfließen zu lassen.

Ein fiktives Beispiel:

- Die neue Arbeitsstelle bringt mehr Geld und Abwechslung - super!
- Allerdings muss ich dafür nach München umziehen - ein Tapetenwechsel, auch super!
- Die Mieten sind ziemlich teuer, vom Gehaltssprung bleibt also nichts übrig.
- Die Fahrt bis zur Familie beträgt mehrere hundert Kilometer - das Benzin ist teuer und mein Geldbeutel wird immer leerer.
- Kann die Abwechslung im Job und das schöne München diesen Missstand ausgleichen? Wohl eher nicht.
- Haben ich eine neue Lebenserfahrung gemacht? Ja!

Haben wir eine gute Entscheidung getroffen in diesem Beispiel? Nein. Wir haben jedoch gelernt, was wir in unserem Leben nicht haben möchten. Durch Scheitern lernen wir und machen einen enormen Entwicklungsschritt.

Bevor wir eine Entscheidung treffen, sollten wir uns also immer wieder selbst fragen:

- Was will ich?
- Was brauche ich?
- Was erwarte ich?
- Was bin ich bereit dafür in Kauf zu nehmen?

Passen alle Antworten zusammen und geben ein harmonisches Bild, dann sollte der Veränderung nichts im Wege stehen. Entsteht ein Ungleichgewicht und es entsteht eine Disharmonie, dann sollten wir unsere Entscheidung noch einmal überdenken.

Viele Entscheidungen, wie zum Beispiel ein Umzug, lassen sich nicht so einfach wieder rückgängig machen. Daher sollte ich mich selbst kritisch hinterfragen, wenn wieder eine große Entscheidung in meinem Leben ansteht.

- Möchte ich das wirklich?
- Kann ich mit den neuen Lebensumständen dauerhaft umgehen?
- Habe ich einen Plan B, falls ich mich doch falsch entscheide?
- Habe ich Unterstützung für diese Zeit?
- Ist es wirklich das, was ich möchte, oder führen mich die Umstände XYZ in diese Situation?
- Kann ich die Umstände XYZ anders lösen?

Veränderungen sind gut und Veränderungen sind wichtig. Fahren wir immer nur unsere gleiche Schiene, Tag für Tag, neigen wir dazu starr und engstirnig zu werden. Hier und da einen Tapetenwechsel vorzunehmen oder seinen Horizont zu erweitern, tut uns gut, bringt wieder frischen Schwung in unser Leben und holt uns oftmals auch aus der Komfortzone. Und nur so können wir wachsen. Stillstand bringt kein Wachstum. Veränderung schon. Auch wenn es schwerfallen mag einen verändernden Schritt zu gehen, die Auswirkungen auf unser Selbst sind oft enorm. Wir haben uns etwas getraut, etwas ausprobiert und selbst wenn die Veränderung scheitert, dann haben wir eine neue Lebenserfahrung gemacht.

Wir müssen also nicht in unserem Job hängen bleiben, der uns keinen Spaß macht, wir müssen uns nicht mit Menschen umgeben, die uns nicht guttun, wir müssen nicht auf das Hobby verzichten, weil andere es vielleicht doof finden. Wir entscheiden selbst über unser Leben und unser persönliches Umfeld. Und wir sind diejenigen die damit glücklich sein müssen. Warum also sollten Außenstehende darüber entscheiden können was uns glücklich macht oder nicht?

Unser persönliches Umfeld ist ein wichtiger Pfeiler in unserem Leben. Wie können wir glücklich und zufrieden und damit auch erfolgreich sein, wenn wir uns ständig unwohl, gestresst oder unglücklich fühlen? Die Antwort liegt auf der Hand: Gar nicht.

Etwas grundlegendes im eigenen Leben zu verändern, erfordert eine gewisse Portion Mut. Doch sehr oft wird dieser Mut auch belohnt. Die Angst vor Neuem zum Überwinden, die Komfortzone zu verlassen und die eigenen Grenzen auszutesten ist ein großer Schritt. Doch der Mensch lernt am besten aus Erfahrungen. Nicht umsonst sind besonders weise Menschen „lebenserfahren“. In ihrem Leben haben sie immer wieder, freiwillig oder unfreiwillig, ihre Komfortzone verlassen, den Raum, in dem sie sich wohl und sicher fühlen, haben Erfahrungen gemacht, positive wie negative, und haben daraus gelernt. Nur so konnte die Spezies Mensch sich zu dem entwickeln, was sie heute ist. Ohne Erfahrungen säßen wir heute noch vermutlich in Höhlen oder auf Bäumen. Wir wären nicht dazu in der Lage Feuer zu machen, geschweige denn Auto zu fahren oder komplexe Gedankenstrukturen aufzubauen.

Klingt eigentlich einfach, oder? Wäre da nicht der wohlbekannte innere Schweinehund, der uns das Leben manchmal so schwer macht. Doch auch daran können wir erfolgreich arbeiten.

Es gibt 5 simple Tricks, die wir jeden Tag anwenden können, um den inneren Schweinehund auszutricksen:

- Keine zu hohen Erwartungen an Dich selbst

Sei nachsichtig mit dir selbst! Wenn es mit dem gesetzten Ziel mal nicht geklappt hat, ist das kein Weltuntergang. Lass auch mal fünfe gerade sein und mach am nächsten Tag einfach motiviert weiter. Auch kleine Erfolge führen ans Ziel!

- Ziele abstecken und klein anfangen

Zu hoch gesteckte Ziele können schnell demotivieren. Wähle am Anfang realistische Ziele, welche du gut erreichen kannst. Es nutzt Dir nichts, wenn Du Dir als Sportanfänger direkt einen 10km Lauf aufbürdest. Fange klein an. Beginne mit 500m joggen und steigere Dich von Erfolg zu Erfolg!

- Zeitliche Limits setzen

Beginne Dir Zeitpläne aufzubauen. Du musst dringend Deine Wohnung aufräumen, kannst Dich aber nicht dazu aufraffen? Beginne damit Dir jeden Tag 5-10 Minuten Zeit für eine Aufgabe zu nehmen. Jede Minute mehr ist ein Motivations-Booster, aber nicht zwingend notwendig. Wichtig ist, dass Du Deine Gewohnheiten langfristig änderst. Regelmäßigkeit ist das Ziel!

- Probiere Neues aus

Jeden Tag die gleichen Dinge zu tun kann sehr ermüdend sein und Dir die Motivation rauben. Du gehst jeden Tag joggen? Wie wäre es, wenn Du neue Übungen in Deine Laufstrecke einbaust oder es mal mit einem Querfeldein-Lauf auffrischst? Neue Routinen einzuführen, hält Dich motiviert und bei der Stange.

- Belohne dich

Gönne Dir Tage, an denen Du nur das tust, was Dir guttut! Das kann die Tüte Chips zur Lieblings-Serie sein oder ein Shoppingausflug ins Outlet. Alles ist erlaubt, solange es Deine Motivation belohnt.

Mindset

„Das Glück deines Lebens hängt von der Beschaffenheit deiner Gedanken ab." - Zitat, Marc Aurel

Nun ist in diesem Buch schon mehr als einmal der Begriff „Mindset" gefallen. Auf dieses, manchmal nicht so greifbare Wort, gehen wir nun näher ein.

Irgendwann ploppte plötzlich überall in den Sozialen Medien das Wort „Mindset" auf. Für die meisten wieder nur ein Anglizismus mehr in der deutschen Sprache, für andere fast schon eine Art Religion. Dabei können wir Mindset einfach mit „Mentalität" oder „Selbstbild" übersetzen. An sich weder ein neues Konzept noch ein neues Wort. Doch woher kommt dann der Hype um diese Anglizismen? Carol Dweck, Professorin für Psychologie, war diejenige die den Stein um das Mindset und dessen Auswirkung auf unser Leben ins Rollen gebracht hat. Sie definierte zwei Formen des Mindsets: Das Growth und das Fixed Mindset. Darauf gehe ich später noch einmal genauer ein. Mit ihrem gleichnamigen Buch, welches im Jahr 2006 erschien und zum Millionen Bestseller wurde, war der Grundstein für die positive Selbstbild-Bewegung gelegt. Für ihre Forschung im Bereich Mindset erhielt sie 2017 sogar den, mit 3,9 Millionen USD dotierten, Yidan Preis für bildende Forschung.

Zuerst sollten wir verstehen, was genau das "Selbst" eigentlich ist. Dazu machen wir einen kurzen Schwenk in die Sozialpsychologie. Eine psychologische Definition lieferte William James 1890. Er beschrieb das Selbst als etwas das in das Bewusstsein hineinkommt. Unsere Wahrnehmung unseres Selbst als eine Art Konzept. Das Selbstkonzept (James, zit. in (2002)) „Das Selbst wird demnach nicht nur als Basis menschlichen Verhaltens und Erleben betrachtet, sondern kann seinerseits zum Gegenstand eigener Betrachtungen werden. (Kanning, 1997)Personen können so über sich reflektieren und sich selbst auch bewerten." (Kanning, 1997)

Laut James gibt es eine Dualität in unserer Selbstwahrnehmung. Das „Selbstkonzept" und die „Selbstaufmerksamkeit". Zum einen sind da die Gedanken und Vorstellung von uns selbst (Selbstkonzept) und zum anderen aber auch aktive Informationen (z.B. aus unserem Umfeld) die uns zum Nachdenken anregen (Selbstaufmerksamkeit). Die ausführende Funktion des Selbst nennt man „Selbstregulation". Die Selbstregulation dient dazu unser Verhalten und unsere Entscheidungen zu steuern. Menschen, sind imstande, sich ihre Zukunft vorzustellen und diese zu planen. Das Selbst übernimmt dabei die Planung sowie die Kontrolle über das Handeln. (Aronson, 2008)
Das Selbst besteht also aus drei Variablen:

- Selbstkonzept - Der Weg wie wir uns selbst sehen
- Selbstaufmerksamkeit - Die aufmerksame Beschäftigung mit uns selbst
- Selbstregulation - Selbstorganisierte Realisierung unserer Ziele

Ein gutes Selbstkonzept, das in ein positives Selbstwertgefühl mündet, ist also unser erklärtes Ziel. Ist unser Selbstkonzept bereits angegriffen, dann können wir nur schwerlich ein positives Selbstwertgefühl entwickeln. Kämpfen wir gegen ein negatives Selbstwertgefühl, dann wird es uns schwer fallen eine positive Einstellung, Optimismus und Durchhaltevermögen zu etablieren und zu manifestieren.

Während meiner Recherche für dieses Buch stolperte ich auch über die Frage, ob ein positives Mindset, also ein positives Selbstbild, schon zu einem gewissen Teil in unseren Genen verankert ist oder ob dies doch etwas ist, was sich im Laufe unseres Lebens entwickeln (lässt). Die Antwort ist: Ein positives Mindset ist nicht von Natur aus gegeben. Wir alle kommen in diesem Bereich, sozusagen, Blanko auf die Welt. Unser Selbstbild (Mindset) wird sich im Laufe unseres Lebens ent- und weiterentwickeln. Zum Teil wird es bereits kulturell geprägt. So haben es Frauen in armen Ländern, wie z.B. Indien, in denen eine Frau ohne einen Mann an ihrer Seite nichts „wert" ist, sehr schwer ein positives

Selbstbild zu entwickeln. Die Gesellschaft lebt ihnen vor, dass sie als Frauen weniger wert sind als Männer. Dagegen anzukommen ist sehr schwer, bis unmöglich.

Werner Herkner beschreibt in seinem Lehrbuch über Sozialpsychologie das Selbstbild als das Wissen über sich selbst. Das Wissen über sich selbst bezieht der Mensch wiederum aus der Selbstwahrnehmung welche sich durch Informationen, Wissen, Aussehen, Verhaltensweisen, Ziele und Einstellungen einer Person speist. Außerdem bezieht der Mensch diese Informationen auch durch externe Quellen, sprich durch sein soziales Umfeld, Beziehungen, sowie Zugehörigkeiten (z.B. das Geschlecht). (Csmarich, 2014) Wir alle haben also ein variables Selbstbild, dass durch bestimmte Faktoren beeinflusst und verändert werden kann. Dazu zählen auch die vier Persönlichkeitsvariablen nach dem Stresskonzept von Aaron Antonovsky aus dem Jahre 1970, die unser Selbst maßgeblich beeinflussen:

- Optimismus
- Widerstandsfähigkeit
- Selbstwertgefühl
- interne Kontrollüberzeugung

Unser Selbstbild ist niemals neutral oder objektiv, denn wenn wir versuchen uns zu analysieren, können wir niemals Buch und Leser gleichzeitig sein. Vielmehr ziehen wir unser Selbstbild aus dem Vergleich mit anderen Menschen. Psychologen zu folge neigen wir Menschen grundsätzlich an einer Art Selbstüberschätzung und das nicht, weil mit uns etwas nicht stimmt, sondern dies hat einen biologischen Hintergrund. Je überzeugter wir von unserer Tat sind, desto üppiger fallen die Glückshormone aus. Unser Gehirn treibt uns also von Natur aus dazu an, an einem positiven Selbstbild zu arbeiten und dieses zu etablieren.

Weshalb leiden viele Menschen dann doch an einem negativen Selbstbild? Auch dies hängt wieder mit der Resilienz zusammen.

Unverhältnismäßige Erwartungshaltungen unserer Lehrer oder Eltern, Diskriminierung, Missbrauch, Verluste, soziale Ausgrenzung oder Probleme im Arbeitsumfeld prägen unser Selbstbild, unser Mindset, immens. Solche negativen Einflüsse sickern langsam, aber stetig in unser Unterbewusstsein und prägen eine negative Einstellung zu unserem Selbst. Dies ist ein schleichender Prozess und nichts, was über Nacht geschieht. Wir beginnen zu zweifeln. An unserem Aussehen, unseren Fähigkeiten und unseren bereits erreichten Erfolgen in unserem Leben. Greifen wir hier das Stresskonzept von Aaron Antonovsky wieder auf, dann brauchen wir schon eine gute Portion Optimismus, Widerstandsfähigkeit, Selbstwertgefühl und interne Kontrollüberzeugung, um negative, externe Einflüsse nicht an unserem positiven Mindset kratzen zu lassen.

Fixed und Growth Mindset

Wir alle kennen den Satz: „Dafür habe ich einfach kein Talent!" Das kann sich auf sportliche Aktivitäten beziehen, auf den Mathe-Test, der in die Hose ging oder auf eine fachliche Arbeit die schwer von der Hand geht. Müsste man das Fixed Mindset (statisches Selbstbild) nach Carol Dweck beschreiben, dann wäre dies wohl der Schlüsselsatz. Menschen mit einem Fixed Mindset sehen ihre Talente und Fähigkeiten als angeboren. Sie sehen sich nicht dazu in der Lage sich in Themenbereichen weiterzuentwickeln oder Neues zu lernen. Ihr Kopf setzt ihnen unüberwindbare Grenzen. Ziele, die sie erreichen wollten, rücken plötzlich in sehr weite Ferne und am Ende eines Weges voller Frustration und Selbstzweifel steht meistens der Satz:
„Es sollte einfach nicht sein!"

Wäre ein Fixed Mindset dauerhaft, dann würden wir wohl niemals die Motivation finden neue Wege zu gehen. Stattdessen ist das Fixed Mindset durch bestimmte Situationen getriggert. Google nennt diese Trigger ‚Micromoments' und der Professor B.J. Fogg, der an der Stanford-Universität einem Lehramt nachgeht, entwickelte daraus ein Modell: Verhalten = Motivation * Fähigkeit * Auslöser. (Me-Company.de, 2022)

Menschen mit einem Fixed Mindset sehen sich nur binär. Sie sind entweder gut in etwas oder eben nicht. Diese starre Denkweise zieht weitere Charakteristiken nach sich, die ebenso unschön, wie unnötig sind. Doch woran erkenne ich, ob ich ein Fixed Mindset habe? Treffen einige der nachfolgenden Punkte zu, dann kann man davon ausgehen ein Fixed Mindset zu besitzen:

- Schnelle Frustration

Die Frustrationsschwelle bei Menschen mit einem Fixed Mindset ist relativ niedrig. Diese Menschen sind schnell frustriert, wenn etwas nicht so klappt wie sie es sich vorgestellt oder erhofft haben.

- Schnelles Aufgeben

Aus der niedrigen Frustrationsschwelle ergibt sich oft ein schnelles Aufgeben. Wenn etwas nicht so klappt, wie es sich erhofft oder erwünscht wurde, dann wird lieber aufgegeben als dafür zu arbeiten und doch noch einen Erfolg zu erzielen.

- Abneigung vor Herausforderungen

Auch hier zieht sich die niedrige Frustrationsschwelle hindurch wie ein roter Faden. Aufgrund dieser werden neue Herausforderungen gescheut, denn sie könnten in einem Misserfolg enden und somit mehr frustrieren.

- Angst vor Versagen

Die Angst vor dem Versagen ist gekoppelt mit der Abneigung vor Herausforderungen. Neue Aufgaben zu übernehmen könnte bedeuten, dass man nicht direkt erfolgreich ist, sondern am Anfang scheitern wird. Das Fixed Mindset bildet einen Teufelskreis.

- Scheu vor Anstrengungen

Neue Dinge zu lernen und auszuprobieren bedeutet oftmals geistige oder körperliche Fähigkeiten herauszufordern und anzustrengen, die es bisher noch nicht brauchte. Dies kann schnell überfordern, müde machen und frustrieren, wenn die Ziele zu hoch gesetzt wurden. Daraus bildet sich eine regelrechte Abneigung gegen Anstrengungen. Agilität bleibt aus, wir treten auf der Stelle in unseren immer gleichbleibenden Routinen.

- Erfolg anderer ist ein persönlicher Angriff

Ein Fixed Mindset ist nicht dazu in der Lage über Neid und Missgunst hinwegzusehen. Es nimmt einem die Möglichkeit aus den Erfolgen anderer Menschen zu lernen. Stattdessen wird man in ein nicht förderliches Selbstmitleid gedrängt.

- Mit Kritik nicht umgehen können

Konstruktive Kritik kann mit einem Fixed Mindset nur schwer oder gar nicht angenommen und positiv umgesetzt werden. Stattdessen wird die Kritik auf das eigene Unvermögen projiziert. Dadurch entwickeln sich Frustration und im schlimmsten Fall Depressionen.

Das ist doch schade, oder? Denn von der Natur werden uns keine Talente oder besondere und spezielle Fähigkeiten in die Wiege gelegt. Dazu sollten wir uns einmal kurz anschauen, wie das menschliche Gehirn aufgebaut ist. Prinzipiell funktioniert unser Gehirn asymmetrisch. Das bedeutet unsere beiden Gehirnhälften (Großhirnhemisphären) arbeiten nicht beide gleich.

Besonders deutlich wird dies bei der Sprachentwicklung. Die Dominanz der linken Hemisphäre für die Sprache ist bei Rechtshänder zu 95% ausgeprägt und zu 70% bei den Linkshändern. Die Sprachentwicklung findet bei Linkshändern zu 15% in der rechten Hemisphäre statt, während bei weiteren 15% die Sprache bilateral im Gehirn entwickelt wird. (Spektrum.de, 2022) Einfach erklärt, bedeutet dies, dass Menschen eine individuelle Tendenz dazu haben bestimmte Dinge besser oder weniger gut zu können. Ist die linke Gehirnhälfte stärker ausgeprägt, sind wir oft dazu in der Lage rationaler und logischer zu denken. Die rechte Gehirnhälfte steht dagegen eher für ein intuitives und emotionales Denken. Sprich: Für einen Programmierer ist es wichtig, dass seine linke Gehirnhälfte stärker ausgeprägt ist. Für einen Künstler hingegen ist eine starke Ausprägung der rechten Gehirnhälfte von Vorteil. Dies bedeutet jedoch nicht, dass das menschliche Gehirn nicht dazu in der Lage ist die weniger guten Fähigkeiten nicht erlernen oder verbessern zu können. Ein rational und logisch denkender Programmierer, kann genauso gut ein wunderbarer Künstler sein und ein talentierter Künstler, kann ebenso gut logische Programmroutinen verfassen. Es ist jedoch nicht möglich, Persönlichkeiten durch eine Spezialisierung der einen Gehirnhälfte zu definieren, die Vorrang vor der anderen hätte. Wir nutzen beide Gehirnhälften, unabhängig von unserer Persönlichkeit. (Futura-Sciences.com, 2022)

Der Irrglaube dem wäre nicht so, ist im Fixed Mindset verankert. Dabei kommt niemand mit einem vollständig gefestigten Talent auf die Welt. Talente können entdeckt, gefördert und gefestigt werden. Sie können aber auch erlernt, gefördert und gefestigt werden. Unser Gehirn ist ein wahnsinnig flexibler, lernwilliger Supercomputer und die eigene Leistungsfähigkeit wird oft verkannt oder klein geredet. Nicht selten wird dieser Missstand durch unser persönliches Umfeld hervorgerufen, wie wir bereits im Abschnitt zuvor feststellen konnten. Durch äußere Einflüsse werden uns Barrieren im Kopf gesetzt und wir werden an unserer persönlichen Weiterentwicklung gehindert.

Das ist traurig, denn ein simples „Du schaffst das!" kann eine kleine Welt bewegen, wohingegen ein „Das schaffst du sowieso nicht!" diese Welt zum Einsturz bringen kann.

Besonders interessant ist hier auch eine Studie, welche von Carol Dweck durchgeführt wurde. Dabei wurden Kindern verschiedene Puzzle vorgelegt, jeweils mit einem steigenden Schwierigkeitsgrad. Wurden die Kinder aufgrund ihrer Intelligenz/Talent für einen Erfolg gelobt („[...], du bist ein richtig schlaues Köpfchen!") und erlitten dann einen Misserfolg, weil sie ein schweres Puzzle nicht lösen konnten, führte dies dazu, dass sie beim nächsten Versuch lieber zu einem einfacheren Puzzle griffen. Ein Großteil der Kinder, welche für ihr Talent gelobt wurden, entschieden sich anschließend für eine leichtere Aufgabe, um einen Misserfolg zu vermeiden. Erfolg stärkt also nicht die Stressresistenz, sondern das sogenannte „Mindset". Als Carol Dweck die Kinder für ihre Anstrengung loben ließ („[...], du hast Dir wirklich viel

Mühe gegeben!"), führte das zu dem Umstand, dass die Kinder wesentlich öfter zu einem schwereren Puzzle griffen. (Phorms.de, 2022) Faszinierend wie ein einfacher Satz doch so viel bewirken kann, oder?

Entgegen dem Fixed Mindset steht das Growth Mindset. Also das Dynamische Selbstbild, wenn man so möchte. Menschen mit einem Growth Mindset sind der festen Überzeugung alles lernen zu können, auch wenn es einiges an Übung und Fleiß dafür benötigen wird. Fähigkeiten und Stärken können weiterentwickelt werden. Für ein Growth Mindset bedeutet ein Fehler kein Scheitern, sondern eine Weiterentwicklung und Potential um zu Lernen. Einsatz, Anstrengung und Arbeit lässt sie ihre Ziele erreichen und wachsen. Den Erfolg anderer Menschen neiden sie nicht an, sondern nutzen ihn, um selbst daraus einen Lernerfolg zu erzielen. „Das wird doch niemals was", sondern „Ich schaffe das!". Menschen mit „Growth Mindset" verfügen laut Carol Dweck über eine „Leidenschaft fürs Lernen". (me-company.de, 2022)

Neurowissenschaftler und Wissenschaftlerinnen fanden heraus, dass eine Verbindung zwischen dem Growth Mindset und der Aktivierung ganz bestimmter Areale in unserem Gehirn besteht: Zum einen wird der ‚anteriore cinguläre Cortex' aktiviert, dieser steuert die Fehlererkennung und das Lernen basierend auf Belohnungen, und zum anderen der ‚dorsolaterale präfrontale Cortex', der Teil unseres Gehirns der für die Fehlerüberwachung und Verhaltensanpassung zuständig ist. Aufgrund dieser Erkenntnis gehen die Wissenschaftler davon aus, dass eine erhöhte Motivation und Fehlerkorrektur mit einem Growth Mindset verbunden sind. (esquire.de, 2022)

Tests ergaben, dass das Gehirn eines Fixed Mindsets durch Informationen zu einer Leistung getriggert wird, also zum Beispiel einem Testergebnis, während das Gehirn bei einem Growth Mindset eher vom Prozess als vom Ergebnis getriggert wird. (esquire.de, 2022)

Anhand dieser Testergebnisse wurden weitere Forschungsstudien durchgeführt und die Resultate zeigten, dass das Gehirn bei einem Growth Mindset am aktivsten ist, wenn es mit Verbesserungsvorschlägen und konstruktiver Kritik gespeist wird. Es war deutlich zu sehen, dass der Lernerfolg von Schülerinnen und Schülern deutlich gefördert werden konnte, wenn der Lernprozess an sich und nicht die Talente oder Fähigkeiten der Probanden und Probandinnen gelobt wurde. (esquire.de, 2022)

Dabei hat das Growth Mindset eine immense Auswirkung auf unser gesamtes Leben, denn nicht nur die schulischen Leistungen werden davon beeinflusst, sondern auch die Leistungen im Arbeitsleben, im Sport oder in künstlerischen, kreativen Tätigkeiten. (esquire.de, 2022)

Menschen mit einem Growth Mindset

- sehen den Lernprozess nicht als temporär, sondern als dauerhaft
- investieren mehr Energie ins Lernen
- sind intrinsisch motiviert, ihre Fähigkeiten auszubauen und weiterzuentwickeln
- sehen Misserfolge als Chance zur Weiterentwicklung
- sehen Feedback als Informationsquelle und nicht als persönliche Kritik
- nehmen gerne neue Herausforderungen an
- neiden den Erfolg ihrer Mitmenschen nicht an, sondern nutzen ihn, um sich selbst zu verbessern

Doch wie kann ich mein Fixed Mindset in ein Growth Mindset wandeln und ist das überhaupt möglich? Die Antwort ist: Ja! Unser Gehirn ist kein statisches Organ. Es ist dazu ausgelegt agil und dynamisch zu sein. Wir können also ein agiles Mindset trainieren. Dabei müssen wir nur 4 einfache Punkte beachten und befolgen:

- Das Fixed Mindset akzeptieren

Carol Dweck stellte bereits fest, dass wir alle einen Anteil Fixed und Growth Mindset haben. Unseren persönlichen Anteil an Fixed Mindset müssen wir lernen zu akzeptieren. Denn ganz unnütz ist dieser Anteil nicht. Er hilft uns dabei unseren Selbstwert zu schützen.

- Trigger identifizieren

Welche sind die Trigger Punkte, die unser Fixed Mindset ausmachen? Welche das sind, habe ich ja bereits weiter oben ausführlich beschrieben. Es geht nun darum, sich die Trigger bewusst zu machen, aufzuschreiben und proaktiv an ihnen zu arbeiten.

- Das Fixed Mindset personalisieren

Dem inneren Selbst einen Namen zu geben kann wahre Wunder bewirken. Wie wollen wir die Person nennen, die uns in ein schlechtes Selbstbild schiebt? Die uns sagt, dass wir das doch gar nicht können und nie können werden? Geben wir diesem Selbst einen Namen, dann können wir daran arbeiten uns von dieser Subperson zu distanzieren und ein neues Selbst aufzubauen.

- Das Growth Mindset bilden

Ein Wachstumsprozess beginnt mit Veränderung. Immer und immer wieder müssen wir uns in alltäglichen Situationen selbst kritisch hinterfragen und uns überlegen, wie wir in einer Situation besser oder anders hätten reagieren können. Wir müssen uns dabei immer wieder bewusst machen, wann wir in das Fixed Mindset abrutschen und was wir hätten tun können, um ein Growth Mindset aus der Situation zu entwickeln.

Wichtigkeit des richtigen Mindsets

Das Mindset ist ausschlaggebend für ein erfolgreiches und glückliches Leben und jeder kann sein Mindset für ein solches Leben entwickeln. (Barrierefrei-im-kopf.de, 2022)
Unsere Einstellung gegenüber unseren Mitmenschen und unserer Umwelt, formt immer unsere Erlebnisse in dieser Welt. Wenn unsere Einstellung also auf rein negativen Gedanken basiert, dann fokussieren wir uns zwangsläufig auch immer auf die negativen Aspekte im Alltag. Ein negatives Mindset kann also dazu führen, dass wir Situationen, die eigentlich gar nicht so schlimm oder stressreich sind, als stressig, unbefriedigend, verletzend oder sogar triggernd wahrnehmen. Damit limitieren wir uns selbst in unseren Interpretations- und Handlungsfreiräumen. Wir sperren uns selbst in unserem Kopf ein. Die Folgeerscheinung eines sehr negativen Mindsets ist eine gewisse Passivität, die wir nur noch an den Tag legen. Im schlimmsten Fall führt dies zu schwerwiegenden psychischen Erkrankungen. Versuchen wir stattdessen zu analysieren, weshalb wir uns negative Glaubenssätze eingeprägt haben, anstatt sie einfach so hinzunehmen, dann können wir auf ein positives Mindset einwirken. Nicht selten liest man in diesem Zusammenhang auch das Wort „Reprogramming". Damit verändern wir nachwirkend auch unser Erlebnis der Umwelt. (brain-effekt.com, 2022)

Doch was versteht man eigentlich unter dem sogenannten „Reprogramming"? Oder auf Deutsch schlicht und einfach „Umprogrammieren". Diese Analogie basiert auf dem Ansatz, dass unser Gehirn einem Supercomputer gleicht. Ein Computer läuft mit Software, welche irgendwann einmal programmiert wurde. Das bedeutet, wir können diese Software umprogrammieren. In der oben genannten Analogie bedeutet dies, dass wir unser Gehirn also einfach umprogrammieren können. Von schlechten Gewohnheiten, auf gute Gewohnheiten. Von schlechten Gedanken, auf gute Gedanken. Alles was wir dafür brauchen ist Wille und Einsatzbereitschaft. Wir alle können unser Fixed Mindset in ein Growth Mindset umprogrammieren. Im nächsten Abschnitt findest Du einige Übungen hierzu.

Übungen für ein positives Mindset

Mit den nachfolgenden 11 einfachen Übungen, kannst Du an Deinem persönlichen positiven Mindset arbeiten. Erinnere Dich immer daran: Es ist ein Marathon und kein Sprint! Stecke die Ziele niedrig und erreichbar! Rückschläge sind Erfahrungen und Erfahrungen sind der Weg zum Erfolg!

1. Negative Gedanken ignorieren

Hier heißt unser Schlüsselwort: Ablenkung! Oft verlieren wir uns in negativen Gedanken. Es beginnt mit einer Kleinigkeit und steigert sich in eine fiese Abwärtsspirale. Nicht selten finden wir uns badend im Selbstmitleid wieder. Dies lässt sich jedoch vermeiden. Drohen Deine negativen Gedanken Dich herunterzuziehen, gib ihnen einfach keine Chance dazu. Lenke Dich ab und mache am besten etwas, was Dir guttut!

2. Das Gute finden

Eine Situation ist schwierig oder schlimm? Das kann einem schon mal gehörig die Laune vermiesen. Dein Vermieter möchte Dir, als Beispiel, aus Eigenbedarf kündigen. Der Wohnungsmarkt ist schlecht, die Mieten hoch und das Budget knapp. Die Situation ist gemein und ein super Sprungbrett hinein in negative Gedanken. Doch versuche einmal in einer solchen Situation die guten Dinge zu finden. Vielleicht wolltest Du sowieso raus aus der Wohnung, weil die Stadt Dir nicht gefällt? Vielleicht ist ein Tapetenwechsel genau das, was Dir gerade guttut? Auch wenn es schwerfällt, aber fast in jeder Situation kann man etwas Gutes finden, wenn man danach sucht.

3. Deinem Umfeld ein Lächeln entgegenbringen

Wusstest Du, dass durch ein Lächeln auf den Lippen Glückshormone freigesetzt werden in unserem Gehirn? Außerdem wird Deine Umwelt Dich als glücklicher wahrnehmen und Dir ganz anders gegenübertreten. Probiere es doch mal aus, denn Lächeln kostet bekanntlich nichts!

4. Schreibe positive Dinge auf

In unserem stressigen Alltag verlieren wir gerne die Dinge aus den Augen, die für uns schon alltäglich geworden sind. Doch meistens handelt es sich dabei um wunderbare Dinge, die uns viel Freude schenken. Das kann zum Beispiel das geliebte Haustier sein, die beste Freundin, der tolle Kollege oder der nette Chef. Schreibe Dir solche Dinge auf und wenn Du Dich wieder in negativen Gedanken verlierst, dann nimmst Du Dir die Liste zur Hand und rufst Dir in Erinnerung wie viele Dinge in Deinem Leben einfach großartig laufen!

5. Entrümpele Dein privates Umfeld

Hierzu habe ich bereits einen ganzen Abschnitt in diesem Buch verfasst. Löse Dich von chronisch negativen Menschen und Menschen, die Dir einfach nicht guttun. Dieser Schnitt wird Dein Leben erleichtern und bereichern.

6. Geize mit News

Du startest gut gelaunt in den Tag, öffnest Dein Handy und das erste, dass Du siehst, sind neue Horror-Nachrichten aus Deutschland und der Welt. Gönne Dir davon eine Pause! Du musst nicht jeden Tag nachverfolgen was dort draußen passiert. Mülle Dein Gehirn nicht mit Horror und Drama zu. Es muss jeden Tag so viel leisten, irgendwann kann es den Datenmüll aus Funk und Fernsehen nicht mehr kompensieren.

7. Opfer? - Nein, danke!

Du und nur Du bist Dein eigener Chef! Das musst Du Dir immer und immer wieder vorsagen. Menschen, die Dich versuchen zum Opfer zu machen, lauern darauf, dass Du Dich auf diese Falle einlässt. Du setzt die Grenzen und Du nimmst Deinen Weg in die Hand. Stärke Deinen Rücken, sammle Dich und stehe für Dich ein. Du schaffst das!

8. Vermeide Neid und Missgunst

Vergleiche mit anderen gehen uns ziemlich aufs Gemüt.
Nachbarin Müller hat schon wieder 5kg weniger auf der Waage - Wieso schaffe ich das nicht? Der Chef Herr Meier hat schon wieder einen tollen Urlaub in die Karibik gebucht - Wieso kann ich mir das nicht leisten?

Solche oder ähnliche Gedanken verbittern uns langfristig, ziehen uns runter und machen uns mürbe. Wir sollten lernen uns für den Erfolg andere freuen zu können und einen Lerneffekt daraus zu ziehen. Was hat Frau Müller anders gemacht als ich und kann ich es auch so machen? Herr Meier hat seine Finanzen super im Griff. Ich will lernen, dies auch zu schaffen!

Statt Neid und Missgunst zuzulassen, solltest Du versuchen, die negativen Gefühle in einen positiven Lernantrieb zu verwandeln.

9. Erfolge realisieren

Du hast schon ganz schön viel geschafft in Deinem Leben! Bist Du Dir darüber eigentlich bewusst? Nur die wenigsten Menschen sind so fair zu sich selbst und erkennen an, was sie schon alles geleistet haben. Nimm Dir einen Moment Zeit und schreibe Dir alle Erfolge auf, die Du bereits verbuchen konntest. Du wirst sehen, je fairer Du zu Dir selbst bist, umso länger wird Deine Liste werden.

10. Grenzen und Bedürfnisse einhalten

Jeder Mensch hat Grenzen und Bedürfnisse und diese sollten weder überschritten noch unerfüllt bleiben. Nimm Dir Zeit, um gut auf Dich selbst zu achten. Stelle Deine Bedürfnisse nicht hinten an. Setze Deine Grenzen deutlich und wahre ihre Einhaltung.

11. Positive Morgenroutinen

Etabliere positive Morgenroutinen, um in einen angenehmen Tag zu starten. Stehe zum Beispiel eine halbe Stunde früher auf, um noch deinen Lieblings-Kaffee beim Bäcker abzuholen oder gehe vor der Arbeit noch joggen. Auch hier wieder: Tue das, was Dir guttut und Dich für einen positiven Tag motiviert!

Beharrlichkeit

„Das Schwierigste ist die Entscheidung. Der Rest ist reine Beharrlichkeit."
- Zitat, Amelia Earhart

Die Psychologin Angela Duckworth, gibt uns allen neuen Mut. Denn laut ihrer fachlichen Meinung, wird Genie vollkommen überbewertet. Frau Duckworth befasste sich lange mit dem Bereich ‚Erfolgspsychologie' und kam während ihrer Forschungen zu folgendem Ergebnis: Um im Leben Erfolg zu haben, braucht es nicht unbedingt Talent, sondern eine gute Portion Beharrlichkeit. Das Ganze verfasste sie auch in einem Buch unter dem Titel ‚Grit:The Power of Passion and Perseverance' (Duckworth).

Frau Duckworth ging so weit, dass sie der Beharrlichkeit eine ganze Skala widmete. Ihre „Beharrlichkeits-Skala" basiert auf den Faktoren Leidenschaft und Ausdauer. Anhand dieser Skala konnten exakte Voraussagen getroffen werden, wie manche Personen in bestimmten Bereichen abschneiden würden. Sei es bei der Schulprüfung oder bei der Aufnahme in einen Militärdienst. Die Beharrlichkeits-Skala misst anhand von der unbedingten Bereitschaft etwas zu Ende zu bringen, dem Verbesserungswunsch und der Fähigkeit mit Rückschlägen umzugehen, wie beharrlich ein Mensch ist.

„Beharrlichkeit heißt, Durchhaltevermögen zu zeigen", meint Duckworth (Duckworth). Beharrlichkeit bedeutet, an einem gesteckten Ziel festzuhalten und jeden Tag daran zu arbeiten, bis man dieses Ziel erreicht hat. Dabei ist Beharrlichkeit der Inbegriff des Marathons und nicht des Sprints. Dieses Bild muss man sich verinnerlichen, um langfristig Beharrlichkeit entwickeln zu können. Menschen, die einen hohen Grad an Beharrlichkeit besitzen, stehen immer wieder auf, wenn sie sinnbildlich fallen. Es kommt ihnen nicht in den Sinn, wegen eines Scheiterns, eine Aufgabe aufzugeben. Sie sehen nicht nur das Positive im Leben, sie kämpfen, sie leiden, sie scheitern und dennoch geben sie nicht auf. Wie Duckworth meint: „Wir müssen bereit sein zu scheitern,

Fehler zu machen, aus den Fehlern zu lernen und dann weitermachen.“ (Duckworth)

Ein kurzer Absprung ins 19. Jahrhundert: Ein sehr gutes Beispiel für Beharrlichkeit ist Amelia Earhart. Man muss vorab kurz erläutern, dass Frauenrechte im 19. Jahrhundert noch sehr klein geschrieben wurden. Frauen lebten zu diesem Zeitpunkt in einem Patriachart und wurden von Männern unterdrückt. Heute kaum noch vorstellbar, doch Frauen durften zu dieser Zeit weder über sich selbst bestimmen noch am politischen Leben teilhaben. Ihre einzige Daseinsberechtigung war das Kinderkriegen und der Haushalt. Dies ging sogar so weit, dass Frauen ein Vormund vorgesetzt wurde (Bruder, Vater, Onkel), da es ihnen angeblich an Objektivität und Urteilsvermögen fehlte. Das alles war für unsere Vorfahrinnen traurige Realität. Sie lebten in einem Käfig, bis die ersten Frauen Mitte des 19. Jahrhunderts begannen, aktiv für Frauenrechte zu kämpfen.

Trotz dieser vielen Hindernisse in Amelias Leben und keinerlei Unterstützung durch ihr persönliches oder das öffentliche Umfeld, hielt sie immer an ihrem Traum fest, eines Tages Pilotin zu werden und ließ sich von nichts und niemandem davon abbringen. Sie sollte später mit vier anderen Frauen Luftfahrtgeschichte schreiben.

Sie arbeitete zeitweise in 28 (!) verschiedenen Jobs, um sich das Geld für ihren Pilotenschein zu verdienen und sich den Traum eines eigenen Flugzeugs zu erfüllen. 1928 erhielt sie große mediale Aufmerksamkeit als erste Passagierin eines Transatlantik-Fluges. 1929 gründete sie mit vier anderen Pilotinnen den Club Ninety Nines mit dem Ziel Frauen in der Luftfahrt zu stärken. Eine Ehe ging sie nur widerwillig ein, sie war der festen Meinung es würde sie in ihrem Ziel hindern: Die erste Umrundung des Äquators mit einem Flugzeug. Von nichts und niemandem ließ sie sich von ihrem Ziel abbringen.

Auch wenn sie es am Ende leider nicht schaffte, ihr großes Endziel zu erreichen, und am 2. Juli 1937 über dem Pazifik verscholl, war sie ein ausnahmsloses Beispiel, wie man mit Beharrlichkeit dennoch Ziele erreichen kann, welche man sich selbst setzt. Selbst, wenn alle Ampeln auf Rot zu stehen scheinen und man wenig, bis keine Unterstützung von außen erhält. Immerhin erreichte sie dennoch zwei ihrer Ziele, als sie 1932 den Ozean dann in einer roten Lockheed Vega 5B als erste Frau alleine überflog und 1935 als erster Mensch einen Alleinflug von Honolulu auf Hawaii nach Oakland in Kalifornien meisterte.

Beharrliche Menschen sind also erfolgreicher im Leben. Es ist wichtig, dass wir an einer Sache dranbleiben und nicht direkt aufgeben, wenn etwas nicht gleich so funktioniert, wie wir es uns vorstellen. Doch Beharrlichkeit braucht ein bestimmtes Ziel. Wenn sich das Ziel und dessen Erreichung die Mühe lohnt, dann haben wir es einfacher beharrlich an der Sache zu arbeiten.

Hingegen sind Selbstzweifel echte Erfolgskiller. Gerade Frauen neigen dazu, an sich selbst zu zweifeln und deswegen fällt es vielen Frauen schwer beharrlich zu sein. Es ist also enorm wichtig, sich selbst etwas zuzutrauen. Dabei sollten die Meinungen von außen ignoriert werden und Schwierigkeiten und Herausforderungen als Chance zur Weiterentwicklung gesehen werden. Mit Beharrlichkeit können Selbstzweifel überwunden werden. Die gesteckten Ziele sind erreichbar; das steckt hinter der Beharrlichkeit. Selbstzweifel auszumerzen ist nicht immer einfach. Oft sitzen sie tief, denn sie wurden über Jahre hinweg manifestiert. Dabei entstehen Selbstzweifel fast ausschließlich aus negativen Einflüssen unserer Außenwelt. Negative, enttäuschende und traumatische Erfahrungen mit Menschen sind die häufigste Ursache. Selbstzweifel, die zu einem alltäglichen Begleiter wurden, können unser Leben negativ beeinflussen. Mit den 5 nachfolgenden Tipps, können Selbstzweifel überwunden werden:

1. Mit anderen sprechen

Niemand weiß, was in einem vorgeht, wenn wir nicht darüber sprechen. Natürlich fällt es schwer über Selbstzweifel zu sprechen, dennoch ist dies enorm wichtig. Nur so kann unser persönliches Umfeld auf uns eingehen und uns auch mit unseren Selbstzweifeln helfen. Freunde und Familie können uns nur unterstützen, wenn wir aktiv und offen über unsere Probleme, Zweifel und Gedanken kommunizieren. Hingegen sollten wir uns von Menschen fernhalten, die nur in ihren negativen Gedanken schwelgen und uns häufig kritisieren.

2. Ablenkungen suchen

Wenn wir merken, dass wir uns in negativen Gedankenspiralen verlieren, sollten wir sofort die Reißleine ziehen und uns eine aktive Ablenkung suchen. Solche Gedanken sind weder produktiv noch hilfreich, stattdessen verstärken sie unsere Selbstzweifel und ziehen uns immer weiter hinab. Hier sollten wir uns lieber eine gute Ablenkung suchen in Form von Sport, guten Büchern, Freizeitplanungen oder Kochen und Backen.

3. Sich den Fakten stellen

Viele Dinge können wir sehr gut. Nur haben wir verlernt uns selbst für diese Dinge zu loben. Stattdessen hat sich eine Negativkultur etabliert. Wir rügen uns für viele Dinge, die wir vielleicht nicht so gut können, das Positive blenden wir geschickt aus. Wir sollten uns hier jeden Tag aufs Neue bewusst machen, welche Dinge wir gut können, was uns gelungen ist und uns diese Dinge aufschreiben. Mit dem Aufschreiben festigen wir die Stärken als positive Gedanken in unserem Kopf. Haben wir wieder ein Tief, können wir uns die Liste zur Hand nehmen und uns unsere Stärke ins Gedächtnis rufen. Und selbst die Dinge, die wir nicht so gut können, haben eine Daseinsberechtigung. Wir alle sind nicht perfekt. Wir haben Fehler und Macken und das ist auch gut so. Wie langweilig wäre die Welt, wenn jeder Mensch makellos perfekt wäre? Stattdessen müssen wir lernen unsere Fehler zu akzeptieren und unseren Frieden mit ihnen zu schließen.

4. Ziele aufschreiben

Um unsere Wünsche in unserem Unterbewusstsein zu manifestieren, sollten wir unsere Wünsche und Ziele aufschreiben. Da wir uns die gesetzten Ziele immer wieder vor Augen halten können, glauben wir sie irgendwann selbst und werden aktiv daran arbeiten, diese zu erreichen.

5. Komfortzone verlassen

Unsere Komfortzone ist bequem und wir fühlen uns sehr wohl. Leider ist sie aber auch äußerst hinderlich, denn sie schränkt uns ein. Wir trauen uns nur selten aus unserer Komfortzone hinaus, da wir uns vor den unangenehmen Dingen in unserem Leben scheuen. Dabei können wir nur wachsen und unsere Selbstzweifel überwinden, wenn wir unsere Komfortzone verlassen und uns an neue Dinge herantrauen. Die Komfortzone zu verlassen, stärkt unser Selbstbewusstsein und lässt uns wachsen.

Haben wir uns unsere Selbstzweifel bewusst gemacht und möchten aktiv an einer Besserung arbeiten, können uns die nachfolgenden 3 Übungen helfen:

1. Affirmationen

Eine Affirmation ist eine bejahende Aussage. Ein positiv formulierter Satz, den wir an uns selbst richten. Affirmationen sind eine der mächtigsten mentalen Trainings, denn sie geben unserem Unterbewusstsein eine komplett neue Richtung. Positive Affirmationen sind ein Werkzeug aus der Autosuggestion. Die Methode stammt von dem Franzosen Emil Coué, einem Zeitgenossen von Sigmund Freud. Durch das stetige Wiederholen dieser Affirmationen ändern wir nachhaltig unsere Denkweise. Und, wie wir bereits gelernt haben, beeinflussen unsere Gedanken unseren Gefühlszustand und somit auch unsere Verhaltensweisen im Alltag und unsere Entscheidungsfindung Sie prägen sich ins Unterbewusstsein und steuern damit unser aktives Bewusstsein in eine positive Richtung.

Beispiele für Affirmationen sind:

- Mit jedem Tag werde ich selbstbewusster.
- Ich erfreue mich bester Gesundheit.
- Ich liebe und schätze mich für alles, was ich bin.
- Ich bin jeder Herausforderung gewachsen.
- Ich verdiene Glück und Zufriedenheit.
- Jeden Tag komme ich meinen Zielen ein Stück näher.
- Ich vertraue auf meine Fähigkeiten.
- Niemand außer mir entscheidet über meine Gefühle.
- Ich übernehme Verantwortung für mich selbst.

Am besten baut man Affirmationen in eine tägliche Routine ein. Sie wirken am erfolgreichsten, wenn wir sie laut vor einem Spiegel aussprechen. Es bietet sich wunderbar an Affirmationen mit anderen Methoden, wie Meditation in Verbindung zu bringen.

2. Achtsamkeitsübungen

Achtsamkeit lernen bedeutet, Achtsamkeit und Wohlbefinden im Alltag zu finden. Beim Achtsam sein geht es darum, im Hier und Jetzt zu leben und die eigenen Gedanken, Empfindungen und Gefühle ganz ohne Bewertung wahrzunehmen. Wer achtsam ist, bringt mehr Wohlbefinden ins eigene Leben und kann Stressgefühle reduzieren. Achtsamkeitsübungen kann man gut in den eigenen Tagesablauf einbauen. Die Dusche am Morgen bietet den perfekten Start in einen achtsamen Tag. Dabei geht es darum, sich während dem Duschen komplett und ausschließlich auf das warme Wasser zu konzentrieren und auf den Akt des Duschens an sich. Verliert sich der Kopf wieder in Gedanken, um die nächste Hausarbeit oder das nächste Meeting, dann sollten wir darauf achten, unsere Gedanken wieder zurück zum Duschen zu lenken. Dieses Schema kann man auf jede Aufgabe anwenden, die im Alltag anfällt. Je achtsamer wir in Situationen sind, umso wohler fühlen wir uns im Alltag.

3. Entspannungstechniken

Sich zu entspannen ist gar nicht so schwer wie gedacht, den schon mit den einfachsten Mitteln können wir einen Zustand der Entspannung erreichen. Das kann das Hören von Musik sein, das Treiben von Sport, Baden oder schöne Freizeitaktivitäten, die uns Spaß machen. Solche Aktivitäten schaffen Zufriedenheitserlebnisse und entspannen uns somit. Diese Art der Entspannung nennt sich ‚passive Entspannung'. Dagegen steht die ‚aktive Entspannung', auf die ich im Kapitel ‚Schritt 2 zum Erfolg: Innerer Frieden' näher eingehen werde. Die aktiven Entspannungsmethoden wirken gezielt und systematisch auf unseren Organismus ein. Zu der aktiven Methode gehören u.a. Autogenes Training oder progressive Muskelentspannung. Außerdem haben sich Meditation und Autosuggestion als sehr effektiv bewiesen.

Beharrliche Menschen sind außerdem besser in der Lösung von Problemen, denn an einem Ziel zu bleiben, setzt kreative Kräfte frei und befähigt die Menschen immer wieder nach neuen Problemlösungen zu suchen. Verwechseln sollte man Beharrlichkeit jedoch nicht mit Sturheit. Beharrliche Menschen wissen, wann ein Problem nicht lösbar ist und wann sich die Energie nicht mehr lohnt. Sture Menschen hingegen beharren trotz besseren Wissens auf einem Weg oder einer Meinung. In unserer Gesellschaft macht Sturheit unsympathisch, während Beharrlichkeit als Vorbildcharakter gilt.

Doch auch wer nicht von Haus aus mit einer guten Portion Beharrlichkeit ausgestattet ist, der sollte nicht verzweifeln. Beharrlichkeit kann man sich antrainieren. Mit den nachfolgenden 8 Übungen, kann die Beharrlichkeit ganz einfach und nebenbei trainiert werden:

1. Leidenschaft finden

Fühlen wir uns in einem Themengebiet besonders wohl, dann fällt es uns leichter Beharrlichkeit zu entwickeln. Hier kommt die intrinsische

Motivation ins Spiel (dazu später mehr). Wir können Beharrlichkeit trainieren, indem wir uns ein Themengebiet aussuchen und regelmäßig daran arbeiten, um voranzukommen.

2. Kleine Schritte zu Beginn

Wie schon weiter oben beschrieben, zeichnet sich Beharrlichkeit dadurch aus, ein Ziel über einen langen Zeitraum hinweg zu verfolgen. Das bedeutet, dass wir nicht jeden Tag mehrere Stunden an einem Thema arbeiten müssen, um an unserer Beharrlichkeit zu arbeiten. Mehr Sinn macht es, dass wir jeden Tag, über Wochen hinweg, ein paar Minuten, eine Viertel oder halbe Stunde investieren, um uns dem auserkorenen Thema zu widmen. Das reduziert die Hemmschwelle neue Themen anzugehen und unsere Ziele umzusetzen.

3. Erfolge sichtbar machen

Buchführen über unsere erreichten Ziele ist sehr hilfreich, um den Fokus nicht zu verlieren. Was haben wir bisher erreicht? Wie weit sind wir gekommen? Geht uns das Thema schon leichter von der Hand? Selbst kleine Fortschritte können uns hier immens motivieren und unsere Beharrlichkeit stärken. Beim Erreichen größerer Meilensteine, sollten wir uns ausgiebig belohnen, um unser Belohnungszentrum im Gehirn zu aktivieren. Auf Dauer führt diese Methode dazu, dass wir Spaß am Trainieren entwickeln.

4. Einen Sinn finden

Ohne einen Sinn in den Aufgaben zu sehen, die wir uns stellen oder gestellt bekommen, werden wir nicht beharrlich daran bleiben können. Bekommen wir eine Aufgabe gestellt oder stellen sie uns selbst, dann ist das Erste, was wir machen sollten: Einen Sinn darin zu finden. Als Beispiel: Wir möchten abnehmen. Aber wieso? Möchten wir abnehmen, um anderen besser zu gefallen oder um gesünder zu leben?

5. Scheitern als Wachstum ansehen

Scheitern bedeutet Wachstum und nicht Rückschritt. Ein sehr gutes Beispiel für das immer wieder auftretende Scheitern innerhalb eines Lernprozesses, ist ein Kind das gerade Laufen erlernt. Dieses Kind wird immer und immer wieder hinfallen, bevor es sicher und selbstständig laufen kann. Würde es jedoch das Hinfallen als Unvermögen in sich selbst betrachten, dann würde es vermutlich niemals das Laufen erlenen und einfach aufgeben. Jeder Schritt ist also wichtig und ein weiterer Schritt in Richtung Erfolg. Wir dürfen uns für das Scheitern nicht bestrafen, es gehört zum Lernen dazu. Stattdessen sollten wir uns für jeden kleinen Erfolg loben und gütig und verständnisvoll mit uns selbst sein. So wie wir es auch mit einem Kind handhaben würden.

6. Die Arbeit angenehm gestalten

Arbeit macht nicht immer Spaß. Umso besser, wenn wir sie dann trotzdem durchziehen können. Um uns die Arbeit angenehmer zu gestalten, können wir zum Beispiel ein spannendes Hörbuch hören, unseren Lieblings-Tee dazu trinken oder uns über ein selbstentwickeltes Belohnungssystem motivieren. Grundsätzlich ist alles erlaubt, dass uns die Arbeit leichter von der Hand gehen lässt.

7. Unterstützung finden

Kritiker ignorieren und Unterstützung suchen. Das ist einer der wichtigsten Punkte, wenn es darum geht an unserer Beharrlichkeit zu arbeiten. Kritiker, welche uns dauernd nur mit ihrer Meinung herunterziehen, sollten in unserem Entwicklungsprozess keinen Platz haben. Wichtiger ist es, Mitstreiter zu finden, die ebenfalls für uns oder für die gleiche Sache brennen. Im Team geht die Arbeit schon wesentlich leichter von der Hand als allein. Konstruktive Diskussionen bringen oft neue Anreize in festgefahrene Problemstellungen.

8. Baue Selbstvertrauen auf

Niemals sollten wir uns mit anderen Menschen vergleichen und schon gar nicht, wenn es um unsere Leistungen und Erfolge geht. Jeder Mensch ist einzigartig und das ist auch gut so. Vergleiche mit anderen ziehen uns herunter und können über kurz oder lang dazu führen, dass wir uns minderwertig fühlen. Stattdessen sollten wir uns auf die eigenen Stärken und die erreichten Ziele konzentrieren und diese dankend annehmen. Uns selbst unsere Schwächen und Fehler immer wieder vor Augen zu führen und zu durchdenken, bringt uns nicht weiter. Stattdessen müssen wir lernen, unsere Fehler und Schwächen als gegeben hinzunehmen und sie zu akzeptieren. Nur so können wir langfristig ein gesundes Selbstvertrauen aufbauen.

Die Treppe zum Erfolg

Die Treppe zum Erfolg

In diesem Kapitel möchte ich nun auf das Treppenmodell näher eingehen, welches ich entwickelt habe. Es basiert auf 6 Treppenstufen, oder Ebenen, die jeweils einen eigenen Schritt darstellen, der uns näher zum Erfolg führt.

In meinem ersten Jahr in Deutschland hat mir jemand empfohlen, dass ich, wenn ich in Deutschland erfolgreich sein will, zuerst einen Deutschen heiraten muss, um meine Papiere zu bekommen. Viele Menschen haben diesen Weg eingeschlagen, aber ich war zutiefst davon überzeugt, dass es andere Wege gibt, im Leben erfolgreich zu sein, als nach Abkürzungen zu suchen. Das bedeutete, eine andere Einstellung zum Thema Erfolg zu haben. Ich hatte Vorbilder wie meine Cousins, die Medizin studierten. Wenn sie es schaffen konnten, war ich mir sicher, dass ich es auch schaffen würde. Ich brauchte eine klare Struktur, wie ich meine Ziele erreichen konnte. Meine Sprachkenntnisse waren damals noch nicht perfekt, ich hatte meine Eltern in Kenia zurückgelassen und sie waren nicht in der Lage, mich finanziell zu unterstützen. Deshalb musste ich eine Struktur finden, die für mich funktioniert und mir helfen würde, in Deutschland erfolgreich zu sein. Als Studentin durfte ich eine begrenzte Anzahl von Stunden in der Woche arbeiten. Ich suchte mir Putz-Jobs, um über die Runden zu kommen, machte Nachtschichten als studentische Hilfskraft und arbeitete in den Ferien in Produktionsfirmen, um für die Tage zu sparen, an denen ich Prüfungen hatte und nicht arbeiten konnte. Es war nicht leicht, mit dem Leistungsdruck umzugehen und gleichzeitig für mich und meine Familie, die mich brauchte, zu sorgen. Durch dick und dünn schaffte ich, sowohl einen Bachelor- als auch einen Master-Abschluss in Gesundheitswissenschaften zu erwerben. Ich habe bisher leidenschaftlich mit Migranten im Gesundheits-, Sozial- und Bildungsbereich gearbeitet. Die meisten der Migranten, mit denen ich gearbeitet habe, hatten mit Motivationsproblemen zu kämpfen, sie wussten wenig über ihr Selbstwertgefühl. Viele ließen ihre Erfahrungen bestimmen, wer sie sind. Mein Ziel ist es, das Leben von Menschen mit und ohne Migrationshintergrund in Deutschland und auf der ganzen Welt positiv zu beeinflussen. Ich möchte ihnen helfen, eine positive Grundhaltung aufzubauen, an der Verbesserung ihrer Gesundheit, ihres inneren Friedens und ihrer intrinsischen Motivation zu arbeiten, trotz der schwierigen Bedingungen, die sie möglicherweise durchleben. Und schließlich ihre Zuversicht, Disziplin und ihr Vertrauen in alles, was sie tun, zu stärken und sie vor allem zu ermutigen, die Hoffnung nicht zu verlieren, in verschiedenen Lebensbereichen erfolgreich zu sein. Dabei arbeite ich gezielt mit dem Ansatz, ein positives Mindset passiv und aktiv zu entwickeln und dieses für uns im Alltag nutzbar zu machen. Nur so können wir langfristig Glück und Erfolg im Leben erreichen. Die Treppe zum Erfolg, führt uns wie ein Licht im Dunkeln, durch Gesundheit, inneren Frieden, intrinsische Motivation, Mut, Disziplin und Vertrauen zum Erfolg. Nur, wenn wir alle diese Stufen erfolgreich meistern, werden wir den letzten Schritt gehen können. Auch wenn es uns manchmal schwerfallen wird, die notwendige Geduld und den Willen aufzubringen, lohnt es sich am Ball zu bleiben. Unsere Motivation und unser Mut werden belohnt werden.

Schritt 1 zum Erfolg: Gesundheit

„Mens sana in corpore sano - ein gesunder Geist in einem gesunden Körper.“ - Zitat, Juvenal

Dies schrieb bereits der römische Dichter Juvenal zwischen dem ersten und zweiten Jahrhundert nach Christus. Und diese Aussage kommt nicht von ungefähr, denn nur wenn der Geist gesund ist, kann auch der Körper gesund sein. Ein schlechter und ungesunder Lebensstil wirkt sich nicht nur negativ auf unseren Körper aus, sondern auch auf unser Gehirn. Zu wenig gesunde Nährstoffe, zu wenig Flüssigkeit und zu wenig Bewegung legen unser Gehirn lahm. Es wird nicht mehr richtig durchblutet, es können sich keine neuen Nervenzellen bilden und damit sinkt unsere Leistungsfähigkeit. Verstärkt wird dieser Effekt durch Rauchen und übermäßiges konsumieren von Alkohol. Beide Rauschmittel haben einen destruktiven Charakter und zerstören die Blutgefäße, die unser Gehirn mit Sauerstoff versorgen. Es ist daher bewiesen, dass bei einem hohen Alkoholkonsum und einem hohen Nikotinkonsum, die Hirnleistung und die Lernfähigkeit abnehmen. (Internisten im Netz, kein Datum)

Kaum jemand weiß, dass Fastfood sogar unser Gehirn schrumpfen lässt! Ist das nicht eine erschreckende Vorstellung? Dabei gab es bereits 2011 eine wissenschaftliche Studie der University of New York zu genau diesem Thema. Die ungesunden, teil schädlichen, Inhaltsstoffe des Fast Food führten zu Entzündungsprozessen, die zu Strukturschäden im Gehirn führten. (Zentrum der Gesundheit, 2022) Im Jahr 2015 führten Wissenschaftler der Oregon State University eine weitere Studie durch, in welcher die Auswirkungen von Zucker und Fett auf das Gehirn untersucht wurden. Das Ergebnis ist ebenso erschütternd, wie eigentlich logisch. Dass Zucker und Fette nicht gesund sind, das wissen wir eigentlich alle. Die Studie förderte jedoch zu Tage, dass Zucker und Fette zunächst die Darmflora schädigen. Da unser Körper aber eine Einheit und alles miteinander eng verstrickt ist, wirken sich die Schäden der Darmflora direkt auf das Gehirn aus. Diese Schäden weisen die gleichen Symptome auf wie eine frühe Demenz-Erkrankung. Sprich, die Betroffenen haben Einschränkungen in ihrem Kurz- und Langzeitgedächtnis, die Lernfähigkeit wird gemindert, die Anpassungsfähigkeit lässt nach. (Zentrum der Gesundheit, 2022)

Die Entzündungsprozesse, die durch die ungesunde Ernährung entstehen, greifen am häufigsten den Hippocampus an. Also den Bereich unseres Gehirns, der für das Gedächtnis zuständig ist. Und auch genau diese Region unseres Gehirns schrumpft, essen wir zu viele ungesunde Nahrungsmittel. Dies stellten 2015 die Forscher der Deakin University in Zusammenarbeit mit der Australian National University fest. (Zentrum der Gesundheit, 2022) Eine verminderte geistige Leistungsfähigkeit wirkt sich automatisch auf unsere Psyche aus. Wir können Aufgaben nicht mehr richtig erledigen, sind leicht überfordert und gestresst. Unsere Laune geht in den Keller. Die Konsequenz daraus ist, dass wir uns nicht mehr als wertvollen Teil einer Gemeinschaft betrachten. Wir können weniger Erfolge erzielen und fühlen uns minderwertig. Wir sind demotiviert, lustlos und können uns nicht mehr wirklich zu irgendetwas aufraffen, das Anstrengung kostet. Eine gesunde Ernährung ist also das A & O, wenn wir einen gesunden Geist und einen gesunden Körper anstreben.

Dieser Prozess passiert schleichend und nicht über Nacht. Von Tag zu Tag mindert sich unsere Leistungsfähigkeit, ohne dass wir es bewusst wahrnehmen. Unser Leben wird immer schneller, immer hektischer und immer bequemer. Es ist einfach, zum Handy zu greifen, eine Lieferapp auszuwählen und die Lieblings-Pizza zu bestellen. Dagegen ist auch prinzipiell nichts einzuwenden. Bekanntlich macht die Dosis das Gift. Unser Wunderwerk Körper kann immens viel Schaden kompensieren, welcher ihm von außen zugefügt wird. Doch wird dieser Schaden immer und immer wieder in kleinen Dosen zugefügt, dann gerät er irgendwann an seine Grenzen.

Wenn wir mal Revue passieren lassen, wie oft haben wir in den letzten Wochen eigentlich selbst gesund gekocht und wie oft haben wir zum Handy oder zur Tiefkühl-Ware gegriffen? Einfach nur, weil es einfach, schnell und bequem ist? Wenn wir ehrlich zu uns sind, dann war es wahrscheinlich sehr viel mehr als nur ein Mal und sehr viel öfter wäre es gar nicht nötig gewesen, hätten wir die eigene Faulheit zur Seite geschoben und uns aufgerafft. Doch leider beginnen wir erst zu verstehen, dass etwas nicht stimmt, wenn psychosomatische Erkrankungen oder gar psychische Erkrankungen hinzukommen. Zumeist ist der Schaden zu diesem Zeitpunkt schon angerichtet. Dann können wir nur noch die Scherben aufkehren und uns mit aller Kraft reparieren. In diesem Stadium können wir keine Erfolge erzielen. Es ist aus biologischer Sicht einfach nicht möglich. Geht es uns körperlich nicht gut und unser Geist beginnt zu kränkeln, oder tut dies bereits schon, können wir von unserem Gehirn keine Hochleistungen mehr erwarten. Zu diesem Zeitpunkt ist unser ganzer Mechanismus darauf ausgelegt weiter zu funktionieren, aber nicht mehr agil zu reagieren. Um Erfolg zu haben, müssen wir also grundlegend auf unsere körperliche und geistige Gesundheit achten. Beides geht Hand in Hand miteinander. Man kann nicht das eine ohne das andere erreichen.

Doch was können wir nun dafür tun? Eigentlich ist es gar nicht schwer. Wäre da nicht der innere Schweinehund. Zugegeben, stecken wir erst einmal in einem Loch, ist es schon eine kleine Herausforderung uns selbst wieder daraus herauszuziehen. Zu gut schmeckt die Pizza, zu bequem ist die Couch und die neue Serie haben wir auch noch nicht fertig geschaut. Und hier müssen wir zu uns selbst immer wieder sagen: Es ist ein Marathon, kein Sprint! Ein Prozess der sich langsam etablieren muss. Wir stecken uns erreichbare Ziele und wollen nicht direkt 100%. Es ist okay, wenn wir nicht direkt am ersten Tag einen zweistündigen Spaziergang unternehmen oder komplett die ungesunden Lebensmittel streichen. Wir erinnern uns: Realistische Ziele setzen, das ist der Weg zum Erfolg!

Ich möchte gerne einen kleinen Exkurs in das Thema Ernährung unternehmen. Dafür habe ich einen Ausschnitt aus dem Buch „Zuckerfreie Ernährung - Nimm deine Gesundheit selbst in die Hand" ausgewählt:

Um fit und gesund zu bleiben, benötigt unser Körper Nährstoffe. Dabei dreht sich alles um die Mirco- und Makronährstoffe.

Makronährstoffe sind Kohlenhydrate, Eiweiße und Fette. Von diesen Makros benötigt unser Körper viele und deswegen sind sie auch reichlich in der Nahrung vorhanden. Die Micros hingegen braucht unser Körper in sehr viel geringerer Zahl und sie kommen auch weniger in der Nahrung vor. Aus den Makronährstoffen zieht der Körper seine Energie, wie ein Auto aus Benzin. Unser Wunderwerk Körper kann sowohl Kohlenhydrate als auch Eiweiß in Energie umwandeln. Die Energie, die uns die Makros liefern werden als Brennwert bezeichnet oder aus als Kalorien.

Kohlenhydrate sind unser wichtigster Energielieferant. Viele unserer Körperzellen sind auf die Energie aus Kohlenhydraten angewiesen. Leber und Muskeln speichern Kohlenhydrate und können sie bei Bedarf freisetzen. Nehmen wir jedoch zu viele davon zu uns, wird die Überschüssige Energie in Fett umgewandelt und abgelagert. Das ist ein veraltetes Konzept, da es noch aus Zeiten stammt, in denen nicht regelmäßig Nahrung zur Verfügung stand. In unserer heutigen Zeit benötigen wir in der Regel keine Energiereserven mehr. Zu den Kohlenhydraten zählen auch Ballaststoffe. Diese sind teilweise unverdaulich, machen aber satt und fördern eine gesunde Darmflora. Kohlenhydrate bekommen wir aus gesunden Getreideprodukten wie Dinkel, Reis oder auch aus Kartoffeln. Ballaststoffe befinden sich so gut wie in allen Vollkornprodukten, in Hülsenfrüchten und auch viele Obst- und Gemüsesorten können damit Punkten.

Gesunde Fette sind enorm wichtig. Auch wenn sie einen eher schlechten Ruf haben. Ohne Fette bilden sich jedoch keine Zellmembranen, die Nerven leiden, die Botenstoffe bleiben aus. Da Fett jedoch wesentlich langsamer verbrannt wird als Energie aus Kohlenhydraten, lagert sich das Fett schneller im Körper ab. Es entsteht ein Energieüberschuss und am Ende Übergewicht. Gesunde Fette nehmen wir am besten über hochwertige Öle, wie zum Beispiel Rapsöl zu uns. Eiweiße werden nach Kohlenhydraten und Fetten zuletzt von unserem Körper abgebaut. Er greift erst darauf zu, wenn weder Kohlenhydrate noch Fette zur Verfügung stehen. Denn Eiweiß hat einen anderen wichtigen Job in unserem Körper. Es ist der zentrale Baustein für unsere Knochen, Muskeln, Organe, Blut, Hormone und Antikörper. Sie beschleunigen außerdem den Stoffwechsel und sind essenziell wichtig für die Botenstoffe in unserem Blutkreislauf. So ziemlich jegliche Art von Hülsenfrucht ist eine Eiweißbombe. Wer auf tierisches Eiweiß verzichten will, sollte also beherzt zugreifen.

Mikronährstoffe brauchen wir zwar nicht so reichlich wie die Makros. Dennoch läuft ohne sie gar nichts. Zu den Mikros zählen Vitamine, Mineralstoffe und Spurenelemente. Durch eine ausgewogene Ernährung nehmen wir in der Regel automatisch ausreichend davon zu uns. Nur in seltenen Fällen kann es notwendig sein diese zu Supplementieren.

Alle Vitamine, bis auf Vitamin D, können durch die Nahrung aufgenommen werden. Vitamine sind für uns lebenswichtig. Sie beugen Krankheiten vor und fördern den Stoffwechsel. Zu den Mineralstoffen gehören im Wesentlichen Kalzium, Kalium, Magnesium und Natrium. Sie sind für den Erhalt unseres Körpers unverzichtbar. Ohne Kalzium, als Beispiel, wäre unser Körper nicht dazu in der Lage ein stabiles Knochengerüst aufzubauen.

Spurenelemente kommen in unserem Körper nur in sehr geringer Menge vor. Zu ihnen gehören Jod, Fluor, Eisen und Zink. Ein jedes Spurenelement hat eine wichtige Aufgabe in unserem Körper, wie zum Beispiel den Sauerstofftransport.

Ein extrem wichtiges Thema, das leider immer noch (auch von Medizinern) sehr stiefmütterlich behandelt wird, ist die Supplementierung mit Vitamin D. Dieses enorm wichtige Vitamin, kann nur durch Eigensynthese hergestellt werden. Unser Körper nimmt die UV-B-Strahlung der Sonne auf und wandelt sie in Vitamin D um. In Deutschland ist die Bildung von Vitamin D lediglich von März bis Oktober möglich und auch nur, wenn wir uns im Freien aufhalten. Haben wir jedoch schlechte Witterungsverhältnisse, z.B. durch starke Bewölkung, dann kann die UV-B-Strahlung um bis zu 90% verringert sein und unser Körper hat keine Möglichkeit mehr, sich eine Vitamin D Reserve im Fett- und Muskelgewebe einzulagern. (RKI, 2022) Das hat teilweise dramatische Folgen, die in ihrem Ausmaß kaum jemandem bewusst sind. Zu den möglichen Folgebeschwerden zählen:

- Angststörungen
- Depressive Zustände
- Demenz-Erkrankung
- Alzheimer-Erkrankung
- Autismus
- Schizophrene Störungen
- Parkinson
- Häufige Infekte
- Müdigkeit
- Knochen- und Rückenschmerzen
- nachlassende kognitive Fähigkeiten
- Diabetes
- Schlafprobleme
- ...

Ich könnte noch eine ganze Weile so weiter machen, denn die Liste an Symptomen eines Vitamin D Mangels, ist lang. An einem Vitamin-D-Mangel zu leiden, kann daher enorm schlimme Auswirkungen auf unsere Gehirngesundheit und unsere geistige Gesundheit haben. Das Ignorieren eines solchen Mangels, erhöht somit maßgeblich das Risiko für psychische und neurologische Störungen. (Health and Science, 2022)

In den letzten Jahrzehnten durchgeführte Studien, haben belegt, dass es einen Zusammenhang zwischen Vitamin D und der Gesundheit unseres Gehirns gibt. Vitamin D bildet daher die Grundlage für die, im Folgenden aufgelisteten, Funktionen in unserem Gehirn und Körper: (Health and Science, 2022)

- Es reguliert unsere Gene
- Es erhöht die Neuronen Dichte im Hippocampus (dieser wird leistungsfähiger)
- Es reguliert die Hormone Acetylcholin, Dopamin, Serotonin

- Es reguliert die Nervenwachstumsstruktur
- Es schützt vor freien Radikalen und dem damit verbundenen Stress
- Es wirkt Hirnathropie entgegen
- Es reguliert im Nervensystem den Kalziumstoffwechsel
- Es reguliert das Immunsystem
- Es hemmt Entzündungsprozesse
- Es unterstützt die Verstoffwechselung von Schadstoffen im Gehirn
- Es unterstützt den zerebralen Blutfluss, der das Gehirn mit Sauerstoff versorgt

Eine niedrige Resilienz kann also durchaus auch durch einen Vitamin D Mangel ausgelöst oder verstärkt werden. Fehlt uns Vitamin D werden wir anfälliger für Herausforderungen in unserem Leben. Aggressionen, Depressionen und Angstzustände, lassen sich nicht selten auf einen zu niedrigen Vitamin D Spiegel zurückführen. Und auch Probleme in der Fruchtbarkeit, wie z.B. eine PCO-Erkrankung, können mit einem Vitamin D Mangel in Verbindung gebracht werden. Umso dramatischer ist der Umstand, dass das Vitamin D von Ärzten kaum wahr- oder ernstgenommen wird. Obwohl es bereits so viele Studien dazu gibt. Fällt einem selbst eines der Symptome auf und man vermutet, dass ein Vitamin D Mangel vorliegen könnte, lohnt sich dennoch der Weg zum Arzt oder zum nächsten Labor. Leider übernimmt die Krankenkasse den Test auf Vitamin D nur, wenn er mit dem Verdacht auf eine bestehende Krankheit verknüpft ist. Anderenfalls muss man den Test selbst zahlen. Die Kosten hierfür halten sich jedoch in Grenzen und belaufen sich auf etwa 20-30€. Alternativ gibt es bereits in vielen Drogerieketten einen Vitamin D Heimtest. Der offizielle Schwellenwert im Blut sollte, laut RKI, zwischen 20-30ng/ml liegen. (RKI, 2022) In Dänemark hingegen gilt sogar ein Wert von 50ng/ml, wobei sogar einige Forscher dies für zu wenig halten und auf einen Wert von 75-100ng/ml tendieren. (Health and Science, 2022) Wichtig: Vitamin D benötigt gesunde Fette und Magnesium, um von unserem Körper richtig aufgenommen zu werden. Daher sollte auf eine gesunde und abwechslungsreiche Ernährung geachtet werden.

Vielleicht hast Du schon einmal etwas von dem sogenannten *„Brain Fog"* gehört. Also dem Nebel im Gehirn. Ein weit verbreitetes Phänomen, für den es bisher keinen richtigen Namen gab. Das Gehirn ist in diesem Zustand wie vernebelt. Man kann sich nicht mehr richtig konzentrieren, klares Denken ist nicht mehr möglich, der Blick aufs Wesentliche ist irgendwie vernebelt, man vergisst Sachen und fühlt sich wie in Watte gepackt. Zum Brain Fog gibt es noch keine Studien, dennoch wird angenommen, dass dieses Gefühl durch Mikroentzündungen im Gehirn ausgelöst wird.

Die Symptome des Brain Fog können sein:

- Konzentrationsstörung
- Vergesslichkeit
- Verwirrtheit
- mangelnder Fokus
- Müdigkeit
- Stimmungsschwankungen
- Kopfschmerzen
- Antriebslosigkeit
- Orientierungslosigkeit

(Brain Effect, 2022)

Dieser Zustand kann nur wenige Sekunden andauern, aber auch einen chronischen Charakter annehmen. Dieser Brain Fog lässt sich unter anderem auf einen Vitamin D Mangel in Verbindung mit einem ungesunden Lebensstil zurückführen. Zu viel Stress, zu wenig Bewegung, Koffein-Entzug, Schlafmangel, eine falsche Ernährung und Flüssigkeitsmangel schaden dem Gehirn zusätzlich und können den Gehirnnebel begünstigen.

Zu den oben genannten Faktoren die maßgeblich unser Gehirn und unseren gesamten Körper beeinträchtigen, kommen noch die Umweltgifte hinzu. Unser Körper war einmal perfekt dazu geschaffen, schädliche Stoffe durch unsere Entgiftungsorgane in unschädliche Stoffe umzuwandeln und diese auszuscheiden. Heutzutage ist die Masse der Umweltgifte jedoch so rasant angestiegen, dass unser Körper es kaum mehr schaffen kann, dem entgegenzuwirken. Leider sind Stoffe, die der Umwelt und den Menschen schaden, durch ihren anthropogenen Einfluss überall präsent. In Fachkreisen werden diese Stoffe, die umgangssprachlich als Umweltgifte bekannt sind, auch Xenobiotika genannt. Xenobiotika kommt aus dem Griechischen und bedeutet schlicht und einfach, dass diese Substanz in keinem Lebewesen etwas verloren hat. (Umweltmission, 2022)

Doch welche Umweltgifte gibt es eigentlich und wie können wir sie möglichst vermeiden? Die nachfolgende Auflistung von Umweltgiften, sind nur ein Teil von vielen, bedrohen Mensch, sowie Tier aber am meisten:

- Schwermetalle

Dazu zählen Blei und Quecksilber. Blei wird immer noch genutzt, gerade in der Schönheitsindustrie, obwohl bekannt ist wie enorm schädlich dieser Stoff für unseren Organismus ist. Produkte von Haifischen sollten, zum einen aufgrund des Artenschutzes und zum anderen aufgrund der hohen Konzentration an Quecksilber im Fleisch, nicht konsumiert werden.

- Polychlorierte Biphenyle

Polychlorierte Biphenyle finden sich häufig in Fischen aus Aquakulturen wieder. Leider wurde dieses Xenobiotika bereits auch in den Gehirnen von Föten nachgewiesen. Dies ist zum einen erschreckend und zum anderen auch gefährlich, da diese Substanz in das Erbgut des Fötus eingreift und somit auch die Entwicklung massiv stören kann. Die Folgen sind im schlimmsten Fall der Tod des ungeborenen Kindes oder eine lebenslange Beeinträchtigung durch Folgekrankheiten. PCB-Gifte werden außerdem mit der steigenden Krebsrate in Zusammenhang gebracht. (Umweltmission, 2022)

- Pestizide

Pestizide, die zum Schutz von Agrarflächen genutzt werden, setzen sich auf die Lebensmittel und vergiften diese buchstäblich. Pestizide sind hochgiftig und lassen sich weder wegkochen, noch wegspülen. Das wohl bekannteste Pestizid, mit einem äußerst negativen Ruf, ist Round-up. Es nutzt Glyphosat als Wirkstoff. Gesundheitsforscher schreiben die steigende Autismus-Rate unter Kindern den giftigen Substanzen in Glyphosat zu.

- Mikroplastik

Phthalaten, auch so genannten Weichmacher, sind in sämtlichen Plastikerzeugnissen vorhanden, die wir Menschen jeden Tag nutzen. So zum Beispiel in Verpackungsdosen, Plastikflaschen oder Plastikfolien. Irgendwann lösen sich die feinen Teilchen aus den Plastikerzeugnissen heraus und gelangen so auf kurz oder lang in den menschlichen Organismus. Die Folge ist unter anderem Unfruchtbarkeit. (Umweltmission, 2022)

- Fluoride

Fluoride kennen wir alle von der Zahnpasta-Werbung. Sie halten Zähne und Zahnfleisch gesund. Was viele jedoch nicht wissen, ist dass Fluoride im Zusammenhang mit Krebserkrankungen und Entwicklungsstörungen von Embryonen stehen.

- Aluminium

Aluminium steht im Verdacht Alzheimer auszulösen und es stört die embryonale Entwicklung. Aluminiumdosen in denen Limonade mit Zitronensäure enthalten ist, sind hochgiftig, denn sie schädigen sowohl die Nieren als auch das Gehirn. (Umweltmission, 2022)

Zum Glück müssen wir uns diesen Umweltgiften nicht aussetzen, wenn wir es nicht wollen. Eine konsequente Maßnahme wäre, vermehrt auf Bio-Produkte zu achten beim Einkauf, Zahnpasta mit Fluorid zu vermeiden und öfter mal die Liste an Inhaltsstoffen auf den Verpackungsrückseiten zu lesen. Das alles erfordert einen gewissen Einsatz, doch unser Körper wird es uns danken.

Wir sehen also: Ausreichend Bewegung und eine gesunde Ernährung, lässt sich mit ein wenig Routine super in den täglichen Tagesablauf einbauen. Wir müssen uns nur die Zeit dafür nehmen und nehmen wollen. Sicher, es fällt schwer, sich nach einem langen Schul-, Studiums- oder Arbeitstag noch einmal aufzuraffen und spazieren zu gehen oder einen Sport auszuüben. Doch die Auswirkungen auf unseren Körper und Geist sind unverkennbar und enorm. Doch wie bereits weiter vorne erwähnt, sollten wir uns kleine Ziele stecken. Langsam anfangen. Für den Anfang wäre doch ein kleiner Spaziergang alle zwei Tage hilfreich. Macht der Spaziergang Spaß und die Routine etabliert sich in den Alltag, dann kann der Spaziergang ausgeweitet werden. Irgendwann wird es sich anfühlen wie eine Selbstverständlichkeit und nicht mehr wie eine lästige Pflicht. Wir Menschen sind und bleiben nun mal Gewohnheitstiere.

Was wir neben einem Gewohnheitstier auch noch sind: Auf Bewegung ausgelegt. Dies hängt wieder einmal mit der menschlichen Geschichte zusammen. Lange bevor es Städte oder Dörfer gab, lebten wir nomadisch. Wir zogen also stets umher, immer den Herden hinterher, um unsere Versorgung mit lebenswichtigen Nahrungsmitteln sicherzustellen. Unser Grundumsatz an Kalorien, also der Energie, die wir jeden Tag zur Verfügung haben, reicht für eine Gehstrecke von 20 bis 25km am Tag! (Gesundheit GV AT, 2022) Die wenigstens von uns, werden dieses Ziel wohl erreichen. Dabei ist Bewegung für so viel mehr gut als nur für den Abbau von Körperfett. Ein ausgiebiger Spaziergang an der frischen Luft kann wahre Wunder bewirken. Wir entspannen und bauen Stress ab. Ein Ausflug in den Wald (sogenanntes „Waldbaden”) senkt nachweislich den Stresspegel, sowie Blutdruck und Puls. Wälder beruhigen durch viele unterschiedliche Faktoren. Das Rascheln der Blätter, die Lichtbrechung durch die Baumkronen, die singenden Vögel und natürlich nicht zuletzt die vielen verschiedenen Düfte durch die heimischen Pflanzen. All dies wirkt sich positiv auf unseren Körper und Geist aus. Japanische Forscher gehen sogar noch einen Schritt weiter und möchten Wälder zu eigenen Therapiezentren erklären lassen. Dr. Qing Li, Assistenzprofessor im Zentrum für Medizin Nippon, belegte in einer Studie, dass Waldbaden drei verschiedene Anti-Krebs-Proteine entstehen lässt. (Gesundheit GV AT, 2022) Experten empfehlen pro Woche eine Bewegungsdauer von 150 bis 300 Minuten. Umgerechnet wären das nicht mal eine viertel Stunde am Tag. Wieso also gönnen wir uns nicht mal eine Auszeit und gehen Waldbaden?

Wir sehen also: Achten wir auf eine ausgewogene und gesunde Ernährung, einen stabilen Vitamin D Spiegel, ausreichend Bewegung und Flüssigkeitszufuhr, dann können wir unserem Körper und unserem Geist schon enorm viel Gutes tun und steigen damit die erste Treppenstufe Richtung Erfolg hinauf. Klasse, oder?

Schritt 2 zum Erfolg: Innerer Frieden

„Wenn es deinen inneren Frieden kostet, ist es zu teuer." - Sprichwort, Verfasser unbekannt

Innerer Frieden - hören wir diese zwei Worte zum ersten Mal, kommen den meisten vermutlich sofort Bilder eines Gurus in den Sinn. Meditierend in einem Tempel sitzend und von Nichts aus der Ruhe zu bringen. Ein Szenario, welches zwar schön, aber für uns unrealistisch und nicht erreichbar erscheint. Dabei besitzen wir alle einen inneren Frieden. Nicht selten ist dieser jedoch gestört und nicht mehr im Gleichgewicht. Aus einem inneren Frieden wird innere Unruhe. Doch was ist dieser innere Frieden eigentlich, wieso ist er so wichtig, dass er eine ganze Treppenstufe verdient hat, und wie können wir ihn erreichen?

Zuerst einmal sei gesagt: Innerer Frieden ist kein statisches Konstrukt. Er ist auch nicht passiv. Er wird unser Leben nicht in ein langweiliges, immergleiches Dasein verwandeln. Ganz im Gegenteil. Ein innerer Frieden hilft uns bewusster und glücklicher zu sein und unser Leben vollkommen genießen zu können.

Wir alle kennen mindestens einen Menschen, welcher seinen inneren Frieden gefunden hat, vielleicht sogar, ohne es selbst zu wissen. Was zeichnet diese Menschen aus? Meistens machen sie sich keine Gedanken über vergangene Dinge oder was die Zukunft vielleicht bringen könnten. Seinen inneren Frieden zu finden, bedeutet nicht mehr, als seine Gedanken aufzuräumen und von alten Lasten zu befreien. Aufzuhören in der Vergangenheit zu wühlen, was wir in dieser oder jener Situation hätten besser machen können. Über Fehler zu grübeln, die wir irgendwann einmal begangen haben, über Szenarien der Zukunft nachzudenken, die zu diesem Zeitpunkt noch keinen Gedanken wert sind. Energie in unwichtige Gedanken zu investieren, die es einfach nicht wert sind sich mit diesen zu befassen. Oder sich über andere Menschen aufzuregen, die uns vielleicht unfair behandelt haben. Das alles belastet uns im Alltag und kostet uns unbewusst unseren inneren Frieden.

Ich nutze hier gerne die Metapher eines Raumes voll Gerümpel. Der Raum hat so viel Potential und Schönheit, die unter dem Gerümpel versteckt und verborgen liegt. Leben wir jeden Tag in diesem Raum, dann wird er für uns zur Gewohnheit, auch wenn es vielleicht unbequem sein mag. Wir arrangieren uns irgendwie damit. Es mag nicht perfekt sein, aber irgendwie kommen wir klar. Obwohl wir uns nicht wirklich wohlfühlen in diesem vollgestellten Raum, unternehmen wir nichts dagegen. Aber wäre es nicht um einiges besser, wir würden uns die Zeit nehmen unseren Raum zu entrümpeln? Es kostet zwar Zeit und Energie, doch am Ende haben wir einen freien Raum voller Potential. Wir behalten nur die wichtigsten Dinge. Alles andere schmeißen wir weg. Der Raum ist nicht mehr vollgestopft. Endlich können wir uns wieder frei bewegen, wir finden Dinge viel schneller und es stellt sich ein Gefühl von Freiheit ein. Würden wir uns nicht automatisch direkt besser fühlen?

Diese Metapher lässt sich wunderbar auf unseren Geist adaptieren. Ein mit Ängsten, Sorgen und Gedanken gefüllter Geist kann nicht frei sein. Wenn unser Geist frei ist von negativen Gedanken und unwichtigen Gedanken, hat er Platz für Glück und Zufriedenheit. Dann und auch nur dann, können wir uns auf die wichtigen Dinge im Leben fokussieren und ist es nicht, dass was wir wollen?

Doch wie erreichen wir inneren Frieden? Die oben beschriebene Metapher ist schön und sie versinnbildlicht genau das, was wir tun müssten, um inneren Frieden zu erreichen. Unser Alltag sieht jedoch häufig anders aus. Zu oft sind wir in den negativen Abwärtsspiralen unserer Gedanken gefangen und zu oft finden wir aus eigener Kraft keinen Ausweg. Doch es gibt Mittel und Wege, die uns helfen können, aus dieser Abwärtsspirale zu entkommen.

- Meditation

Meditation ist ein oftmals belächelter und nicht ernstgenommener Weg inneren Frieden zu erlangen. Vollkommen zu Unrecht, wie ich finde. Denn es ist einer der besten Wege, um zu sich selbst zu finden und sich auf das Wichtigste zu fokussieren. Dabei hat Meditation weder etwas mit Realitätsflucht zu tun noch damit wie eine Statue auf dem Boden zu sitzen und nur zu atmen. Meditation ist sehr viel mehr als diese Klischees. Wenn wir uns die Zeit nehmen, schon einmal am Tag zu meditieren, werden wir schnell einen positiven Effekt feststellen können. Wohl am besten geeignet, um einen Weg zu unserem inneren Frieden zu finden ist die asiatische Meditation. Sie zeigt einen Weg zu geistiger Gesundheit, Ruhe und Ausgeglichenheit. Sie reinigt den Geist von unreinen und störenden Einflüssen wie Begehren, Wut, Hass, Angst, Zweifel, Sorgen, Trägheit, Faulheit, Unruhe und ähnliche negative Gefühle, Gedanken und Vorstellungen.
Diese Form der Meditation konzentriert sich hauptsächlich auf 4 Bereiche:

1. Körper

Beim Körper geht es darum, uns selbst zu fühlen und wahrzunehmen. Dies wird durch das bewusste und gefühlte Atmen geleitet. In sitzender Position wird dabei bewusst ein- und ausgeatmet, solange bis wir uns nur noch auf das Atmen konzentrieren und die Welt um uns herum ausgeblendet ist. Das klingt einfach, ist es aber überhaupt nicht. Denn unser Geist ist schnell gelangweilt und wird versuchen in andere Richtungen abzuschweifen. Die Kunst ist es, unseren Geist wieder gezielt nur auf die Atmung zu richten und ihn dort zu halten. Je öfter wir diese Übung wiederholen, umso einfacher wird es uns fallen unseren Geist bei unserem Atmen fixiert zu halten.

Diese einfache Meditation der „Achtsamkeit auf den Atem" entwickelt eine starke Konzentration oder Sammlung, die zum tieferen Verständnis in das Wesen der Dinge erforderlich ist.

Ein weiterer Weg, den wir jeden Tag immer wieder aufs Neue praktizieren können, ist das bewusste Konzentrieren auf alltägliche Handlungen. Bei dieser Übung konzentrieren wir uns voll und ganz auf das, was wir gerade tun. Wir versinken in der Tätigkeit und lassen keine Abschweifungen zu. Wenn wir arbeiten, dann konzentrieren wir uns vollständig auf die Arbeit, wenn wir ein gutes Buch lesen, dann konzentrieren wir uns nur auf die Handlung und wenn wir Essen kochen, dann nur auf die Zubereitung, die Gerüche und Aromen. Auch das ist nicht so einfach wie es klingen mag. Schnell wird unser Geist wieder versuchen in unnötige Gedanken abzutauchen. Hier gilt das Gleiche wie bei der Achtsamkeit auf den Atem, nämlich den Geist immer und immer wieder zu fokussieren. So lange, bis wir es irgendwann ganz von selbst tun und es uns keine Mühe mehr kostet.

2. Gefühl

Gefühle und Empfindungen begleiten uns jeden Tag, ohne dass wir es bewusst steuern können. Dabei können sie sowohl schön und angenehm als auch unangenehm, schmerzhaft oder neutral sein.
Oftmals finden wir uns in negativen, zum Beispiel traurigen, Gefühlen wieder, ohne wirklich zu wissen, woher diese kommen. Wir sind dann bedrückt, hängen Gedanken nach, die uns noch trauriger machen und wir fühlen uns einfach nicht wohl. Statt uns nun darüber zu grämen, dass wir negativen Gedanken nachhängen, sollten wir einmal versuchen herauszufinden, woher diese Gedanken eigentlich kommen und was wir dagegen tun können, damit sie wieder gehen. Dabei sollten wir uns wie ein außenstehender Wissenschaftler betrachten. Das hat den Hintergrund, dass wir uns nicht selbst werten, sondern unsere Gefühlslage neutral betrachten und analysieren können. Etablieren wir diese Vorgehensweise bei all unseren Gefühlen, dann können wir recht schnell unseren Geist in einen Status der Unbefangenheit und Freiheit versetzen.

3. Geisteszustände

Wir alle bewegen uns an manchen Punkten unseres Lebens in verschiedenen Geisteszuständen. Wir sind zornig, eifersüchtig, neidisch, leidenschaftlich, selbstsüchtig, wütend oder erregt. Wir können mitfühlen und liebevoll sein oder grausam und unfair. Auch hier geht es darum, einen Blick von außen auf unseren Geisteszustand zu erlangen. Wir sollen und dürfen uns nicht selbst bewerten, sondern nur beobachten und analysieren. Warum befindet sich unser Geist gerade in diesem Zustand? Was ist die Ursache dahinter? Was der Auslöser? Wenn wir die Ursache gefunden haben, dann können wir unseren Geist befreien und wir sehen die Dinge realistischer und klarer.

4. Geistesobjekte

Es gibt viele verschiedene Formen von Meditation. Eine davon ist, zum Beispiel, dieses Buch zu lesen, intensiv über den Inhalt nachzudenken und sich auch darüber zu unterhalten. In der asiatischen Meditation gibt es fünf Hemmungen, die als Blockade für Fortschritt und klarem Verstand gelten. Über diese fünf Dinge nachzudenken, sie zu studieren oder darüber zu reden, kann uns in eine Art Meditation versetzen.

1. Ärger, Hass oder Groll
2. sinnliche Begierde
3. Zweifel
4. Stumpfheit und Trägheit
5. Aufgeregtheit und Gewissensunruhe

Wenn eine oder gar mehrere dieser fünf Hemmungen uns überwältigen, dann können wir nicht mehr klar denken. Wir sind blockiert in unserem Fortschritt zum inneren Frieden. Um diese Blockaden zu überwinden, können wir uns wieder der Meditation zuwenden. Nur ein klarer Geist, schafft inneren Frieden. Meditation kann also auch bedeuten über etwas über etwas intensiv nachzudenken. In der asiatischen Meditation gibt es dazu vier erhabene Verweilungs-Zustände, über die sich nachdenken lässt:

1. Mitleid mit allen Lebewesen, die Not und Unglück erleiden
2. Freude am Glück und Erfolg anderer
3. unbegrenzte Liebe für alle Lebewesen zu empfinden
4. Gleichmut in allen Lebenslagen

- Glaube

Der Glaube kann Berge versetzen. Dieses Sprichwort kommt nicht von irgendwoher.

Ein fester, fundierter Glaube kann uns durch schwere Zeiten helfen, uns Mut machen, wenn wir ängstlich sind oder uns Hoffnung geben, wenn wir glauben, dass es kein Licht mehr in der Dunkelheit gibt. Sich einem Glauben zuzuwenden, kann uns inneren Frieden bringen, denn wir können einen Teil der Last, die wir tragen, an unseren Gott abgeben. Wir haben, auch in Einsamkeit, ein Ohr, das uns zuhört und immer jemanden an den wir uns wenden und anlehnen können. Wenn es uns schlecht geht, dann müssen wir nicht einmal das Haus verlassen, um Hilfe zu bekommen.

Wir können vertrauen und um Hilfe bitten. Ein fundierter Glaube, kann uns dabei helfen, alles zu erreichen, was wir möchten. Außerdem kann ein Glaube auch verbinden und helfen Kontakte zu knüpfen, denn es gibt immer einen gemeinsamen Nenner, über den man sich unterhalten kann.

Der Glaube gibt uns unheimlich viel: Kraft, Mut, Vertrauen, Hoffnung. Und dies wird uns zu innerem Frieden führen.

- Sport

Eine wunderbare und doppelt-förderliche Art und Weise unseren Kopf freizubekommen ist und bleibt Sport. Denn beim Sporttreiben sind wir fast schon gezwungen uns auf uns selbst zu konzentrieren. Beim Joggen, als Beispiel, konzentrieren wir uns auf jeden Schritt, auf unsere arbeitenden Muskeln und unseren Atem. Unser Kopf hat kaum Zeit sich mit etwas anderem zu beschäftigen. Oder, wer schon einmal auf dem Rücken eines Pferdes gesessen hat, kennt auch dieses Gefühl, wenn der Kopf komplett leer ist und wir uns nur im hier und jetzt befinden. Ein Ausritt in den Wald, kann bei einem schweren Gemüt oder negativen Gedanken wahre Wunder bewirken. Zu den positiven Auswirkungen auf unseren Geist, kommen die positiven Auswirkungen auf unseren Körper. Mehr Bewegung fördert die Durchblutung und somit auch unser Gehirn. Wir werden fitter, geistig leistungsfähiger und am Ende auch glücklicher.

Den Weg zum inneren Frieden zu finden, bedarf also einiger Passion und Mut zur Veränderung. Doch diesen Weg einzuschlagen, lohnt sich. Denn nur wenn wir an unserem inneren Frieden arbeiten, werden wir langfristig glücklich und erfolgreich sein. Wer mit sich selbst nicht im Reinen ist, kann sich nur schwerlich auf etwas anderes konzentrieren als auf die Baustellen im eigenen Kopf. Machen wir aber unseren Geist frei, können wir unser ganzes Potential ausschöpfen. Ohne Blockaden, ohne Hindernisse, ohne große Mühe. Und dafür lohnt sich dieser mutige Schritt allemal!

Schritt 3 zum Erfolg: Intrinsische Motivation

„Eine Reise von tausend Meilen beginnt mit einem kleinen Schritt." - Zitat, Laotse

Motivation kennt viele Gesichter. Es gibt die

- extrinsische Motivation,
- eine aufgabenorientierte Motivation,
- eine kontextorientierte Motivation und es gibt die
- intrinsische Motivation.

In diesem Abschnitt möchte ich mich gerne der intrinsischen Motivation widmen, da sie eng verknüpft ist mit dem Aufbau eines positiven Mindsets.

Was ist die intrinsische Motivation? Die intrinsische Motivation ist die innere, aus sich selbst entstehende Motivation eines jeden Menschen. Es ist also jene Motivation, die uns antreibt, wenn wir etwas grundlegend gerne tun und Spaß daran haben. Es kostet uns keine Anstrengung uns für diese Dinge aufzuraffen und sie zu tun, denn wir erwarten beim Erfüllen der Handlung weder eine Belohnung, noch versuchen wir eine Bestrafung zu umgehen. Wir tun, was wir tun, allein aus unserer selbst willen. So kann ein Arbeitnehmer durchaus intrinsisch motiviert sein, seine Arbeit zu erledigen, ohne dabei die extrinsischen Motivationsfaktoren (Geld, Macht, Erfolg, ...) vorne anzustellen.

Die Quellen der intrinsischen Motivation sind unsere interne Prozessmotivation und unser internes Selbstverständnis. Die interne Prozessmotivation spiegelt die Sinnerkenntnis der auszuführenden Tätigkeit wider; wir haben Spaß an der Aufgabe und fühlen uns ausreichend gefordert. Das interne Selbstverständnis sind unsere subjektiven Werte, an welchen wir unsere Handlungen ausrichten. Sehen wir uns, als Beispiel, als einen fairen Menschen an, dann werden wir auch dementsprechend handeln.

Für manche Tätigkeiten haben wir eine besonders intensive intrinsische Motivation. Nämlich dann, wenn wir voll und ganz in unserer Aufgabe aufgehen, die Zeit um uns herum vergessen und nur noch in der Situation existieren. Dieses besonders positive Erleben einer Tätigkeit, nennt man „Flow-Erleben" („Die Zeit vergeht wie im Flug"). Einen solchen Zustand, der fast schon einer Art Meditation gleicht, können wir nur erreichen, wenn wir ausschließlich intrinsisch motiviert sind etwas zu tun. Wird uns, zum Beispiel, durch unseren Arbeitgeber, eine extrinsische Motivation aufgezwungen, verschieben sich die Verhältnisse von intrinsischer und extrinsischer Motivation. Unsere intrinsische Motivation kann sinken, weil sie durch die extrinsische Motivation dominiert wird.

Dennoch schließen sich diese beiden Motivationsformen nicht voneinander aus. Sie können friedlich co-existieren. So können wir einen Job aus intrinsischer Motivation ausüben, aber dennoch durch die extrinsischen Faktoren motiviert sein.

Die intrinsische Motivation wird als die bessere der beiden Motivationsformen betrachtet, denn sie ist eine starke und gute Antriebskraft. Kommt unsere Motivation aus unserem Inneren, dann sind wir leistungsfähiger, engagierter und besser dazu in der Lage Herausforderungen zu bewältigen. Sind wir intrinsisch motiviert, lernen wir außerdem besser und sind motivierter uns für ein Thema zu begeistern. Die intrinsische Motivation ist deshalb ein wichtiger Erfolgsfaktor. Denn ohne Passion und Leidenschaft für ein Thema, wird es uns nur schwerlich von der Hand gehen. Hinzu kommt außerdem der fehlende Leistungsdruck bei intrinsisch motivierten Tätigkeiten. Dadurch, dass wir es nicht als Last oder Notwendigkeit ansehen, sondern als Spaß und gern gesehene Tätigkeit, sind wir zufriedener und eher bereit Energie zu investieren.

Unser Weg zum Erfolg führt über kurz oder lang dazu, dass wir eine intrinsische Motivation entwickeln müssen. Denn nur dann, können wir Aufgaben und Herausforderungen mit Spaß und Begeisterung annehmen. Viele Raucher, als Beispiel, konnten erst mit dem Rauchen aufhören, als sie begannen eine intrinsische Motivation zu entwickeln und den Nikotin-Entzug wirklich zu wollen. Ähnlich verhält es sich damit, einen Sport anfangen zu wollen. Wenn wir nur extrinsisch motiviert sind (die Freunde treiben einen zum Sport, zum Beispiel) werden wir niemals lange durchhalten. Kehren wir die extrinsische Motivation in eine intrinsische Motivation um (wir wollen Sport machen, weil wir gesünder leben wollen), dann werden wir langfristig Spaß am Sport bekommen.

Wie kann ich nun meine intrinsische Motivation fördern? Vorab sei gesagt, es gibt keinen Menschen, der nur eine extrinsische oder intrinsische Motivation besitzt. Grundsätzlich haben wir beides in uns; manchmal ist das eine jedoch stärker ausgeprägt als das andere oder wir haben unsere intrinsische Motivation noch nicht gefunden. Nicht alles im Leben wir jemals durch intrinsische Motivation getrieben sein. Es wird immer wieder Aufgaben in unserem Leben geben, die uns keinen Spaß machen. Vielleicht haben wir in der Schule Kunst mit intrinsischer Motivation betrieben, Mathe jedoch nur, weil wir es mussten. Einen echten inneren Antrieb kann man nicht erzwingen, man kann ihn aber durchaus fördern.

Mit den nachfolgenden, einfachen Tipps kann dies gelingen:

- Belohnungssystem aufbauen

Ein einfaches, aber hoch effektives System. Denn, wie wir bereits gelernt haben, wird unser Belohnungssystem im Gehirn aktiviert, schüttet es Dopamin und Serotonin aus (die Glückshormone). Wir fühlen uns gut und verbinden eine eher unangenehme Tätigkeit mit etwas Gutem. Dabei kann die Belohnung ganz nach den eigenen Vorlieben ausfallen. Nach den unbeliebten Mathe-Hausaufgaben kann man sich etwas Gutes tun, indem man sich etwas gönnt. Oder man lässt die Lieblings-Musik laufen, die noch ein Stückchen mehr motiviert.

- Aufgaben stückeln

Das neue Referat soll 80 Seiten umfassen. Und das auch noch über ein Thema, dass einem so gar nicht liegt. Bei solchen Aufgaben hilft keine „Augen zu und durch"-Mentalität. Stattdessen sollte man sich die gestellte Aufgabe in kleine Häppchen zerteilen. Ist ein Part erledigt, gönnt man sich eine Pause. Schnappt frische Luft, hört Musik oder was immer einem gut tut. Danach kann man mit klarem Kopf wieder zurück an die Arbeit gehen.

- Freiwilligkeit vor Zwang

Intrinsische Motivation lebt von ihrer Freiwilligkeit. Wir können mit einem sehr viel besseren Gefühl an Aufgaben herangehen, wenn wir uns dazu entscheiden, diese selbst in Angriff zu nehmen, anstatt darauf zu warten, dass eine externe Quelle uns die Aufgabe aufzwingt. Schließen wir die Aufgabe ab, werden wir außerdem mit einem guten Gefühl belohnt.

- Den Sinn erkennen

Eine Aufgabe erledigen zu wollen, ohne einen Sinn darin zu sehen, ist im wahrsten Sinne des Wortes sinnlos. Wir sollten versuchen in jeder Aufgabe, die wir uns selbst stellen oder die wir gestellt bekommen, einen Sinn zu finden. Der Chef will uns ein neues Thema aufs Auge drücken? Vielleicht ist das die Chance den eigenen Horizont zu erweitern und den Marktwert zu steigern!

- Fokussierung

Fast in jeder Aufgabe, so unangenehm wie sie auch sein mag, steckt irgendwo ein Funke von dem was wir gerne tun. Am Anfang einer Aufgabe, sollten wir versuchen diesen Funken zu finden und ihn für uns ins Positive zu ziehen. Das Bad muss geputzt werden, das macht überhaupt keinen Spaß, aber wir hören gerne Musik. Wieso nicht das Unangenehme mit dem Angenehmen verbinden?

Uns intrinsisch zu motivieren ist also gar nicht so schwer wie gedacht und ein großer Schritt auf dem Weg hin, zu unserem positiven Mindset und somit zum Erfolg. Sind wir intrinsisch motiviert, unseren negativen Gedanken und unserem negativen Selbstbild keine Chance mehr zu geben, dann fällt es uns wesentlich einfacher, ein positives Mindset zu entwickeln.

Schritt 4 zum Erfolg: Mut

„Mut steht am Anfang des Handelns, Glück am Ende." - Sprichwort, Demokrit

Mut ist ein interessantes Konzept. Was gehört unweigerlich dazu, wenn wir mutig sein müssen? Genau: Angst. Um zu verstehen, weshalb wir Mut brauchen, müssen wir zuerst verstehen, was genau Angst eigentlich ist.

Angst ist ein nützlicher und tief verankerter Urinstinkt des Menschen. Sie überkommt uns oftmals unvorhergesehen und ohne, dass wir sie steuern können. Dabei wissen die Wenigsten, dass Angst eine lebensrettende Schutzfunktion ist. Ohne Angst, wären wir heute sicherlich als Spezies nicht mehr existent. Ohne Angst wären wir Menschen nicht überlebensfähig und unsere Vorfahren hätten sich niemals weiterentwickeln können. Die Angst ist eine Sicherheitsmaßnahme unseres Körpers und sie hält uns davon ab unnötige Risiken einzugehen. Auf der anderen Seite dient sie dazu, in Gefahrensituationen unsere körperliche Abwehr zu mobilisieren und setzt ungewohnte Kräfte frei. (Planet Wissen, 2022) Die Angst ist schon so alt wie die Menschheit selbst. Ohne sie, wären wir vor tausenden von Jahren jedem wilden Tier in die Falle gegangen. Heutzutage sind diese Risikofaktoren nur noch in wenigen Teilen unserer Erde existent. In Industrienationen, zu denen Deutschland natürlich auch gehört, haben sich die Ängste verschoben. Wir haben Angst vor Krankheit, Einsamkeit, Arbeitslosigkeit, Atomkraft oder Krieg.

In der Emotionspsychologie unterscheidet man zwei verschiedene Ängste: Menschen, die aus Ängstlichkeit eine Angst entwickeln und Angstentwicklung in einer tatsächlichen Bedrohungssituation. (Planet Wissen, 2022)

Die Angst-Theorien stammen hauptsächlich aus der so genannten ‚Lerntheorie'. In der Lerntheorie wird davon ausgegangen, dass Ängste durch Konditionierung entstehen und im Laufe eines Lebens individuell entwickelt werden. Genauso können diese Ängste aber auch wieder abgebaut werden. So übernehmen oft Kinder die Ängste der Eltern, da diese durch die Eltern konditioniert werden. (Planet Wissen, 2022)

Tatsächlich gibt es Studien dazu (z.B. von Kulturwissenschaftler Geert Hofstede), wie sich Angst in verschiedenen Kulturen unterscheidet. Angehörige verschiedener Kulturen, haben ein verschieden hohes Bedürfnis nach Sicherheit. Dabei gehört die westliche Welt zu dem Kulturkreis, der ein besonders hohes Bedürfnis nach Sicherheit verspürt. Dies spiegelt sich auch in unserer politischen und sozialen Infrastruktur wider. Wir haben Gesetze und Versicherungen, die alles und jedes bis ins kleinste Detail regeln. Wir haben ein perfektionistisches Umfeld erschaffen, in dem Fehler verpönt sind. Ein fataler Fehler, denn gerade das Scheitern, bringt die höchsten Lernerfolge. Ohne scheitern, keine Vorwärtsbewegung. Wir sollten also weniger Angst davor haben zu fallen, als Angst davor, den Schritt nicht gegangen zu sein.

Die Angst ist also unser alltäglicher Begleiter, ob wir das wollen oder nicht, spielt dabei keine wirkliche Rolle. Jedoch müssen wir lernen mit ihr umzugehen. Um es zu versinnbildlichen, kann man sich die Angst als kleines Teufelchen vorstellen, welches auf unserer Schulter sitzt. Auf der anderen Schulter sitzt hingegen ein kleines Engelchen, den wir Mut taufen wollen. Im aktuellen Zustand ist das Teufelchen ziemlich laut, wohingegen Mut eher ein stiller Zeitgenosse ist.

Das kleine Teufelchen sitzt also auf unserer Schulter und sagt uns, was wir alles so gar nicht können, was wir partout nicht tun sollen oder ganz sicher nicht dürfen weil:

- es schiefgehen könnte,
- andere vor uns bereits daran gescheitert sind,
- es scheinbar keinen Weg gibt,
- andere uns ins Gewissen reden und es nicht gut finden,
- ein gewisses Risiko besteht,
- andere etwas Schlechtes von uns denken könnten,
- es nicht der sozialen Norm entspricht,
- ...

Wir wollen nun daran arbeiten, dass Mut in die extrovertierte Position rutscht und das Teufelchen in die introvertierte Ecke huscht. Wie wir dies schaffen können, folgt am Ende dieses Abschnitts.

Die Liste aus Gründen, weshalb wir Angst haben können, kann endlos weitergeführt werden. Ängste sind genauso individuell wie jeder Mensch für sich. Der eine hat panische Angst vor Spinnen, ein anderer scheut sich davor eine Präsentation zu halten, wieder ein anderer hat Angst einen neuen Karriereweg einzuschlagen und wieder ein anderer fürchtet sich, dass die eigenen Noten niemals gut genug sein werden. Daher müssen wir auch jeder für uns selbst einen Weg finden mit der Angst umzugehen und mutig zu sein. Wir können unsere Ängste überwinden. Das zeigen tausende von positiven Beispielen im Bereich der Arachnophobie. Nur, weil man lange vor etwas sehr große Angst hatte, heißt dies nicht, dass man sie niemals überwinden kann. Manchmal ist alles was dazu fehlt, ein kleiner Schubs in die richtige Richtung. Unsere Ängste zu überwinden und mutig zu sein bedeutet auch, dass wir unsere bequeme Komfortzone verlassen müssen. Der kuschelige, gemütliche Schutzraum, den wir uns selbst aufgebaut haben und in dem wir schon für sehr lange Zeit festsitzen. Sicherlich, wir fühlen uns in diesem einigermaßen wohl, aber wir werden in diesen vier Wänden niemals die Chance haben zu wachsen. Und wo Stillstand ist, herrscht kein Fortschritt. Also trauen wir uns ruhig öfter einmal unsere Komfortzone zu verlassen und über unseren Schatten zu springen. Der Mut wird belohnt!

Es gibt ein paar grundlegende Tipps, die uns dabei helfen Mut in bestimmten Situationen zu entwickeln und über unseren Schatten zu springen. Denn nur, wenn unsere Angst uns in bestimmten Situationen nicht mehr im Weg steht, können wir langfristig erfolgreich sein.

1. Motivation

Motivation und Leidenschaft sind die besten Treiber, um Angst in Mut umzuwandeln. Wenn wir das gesteckte Ziel unbedingt erreichen wollen, dann fällt es uns leichter über unseren Schatten zu springen.

2. Angst dämpfen, Mut fördern

Angst und Mut stehen in Relativität zueinander. Wenn die Angst schrumpft, dann wächst der Mut ganz automatisch. Das gelingt uns, indem wir der Angst mit Logik begegnen. Irrationale Gedanken sollten wir dabei aussortieren und uns auf die Wurzel unserer Angst konzentrieren. Ist sie wirklich so schlimm, wie wir denken oder steigern wir uns hinein, weil die Angst eben schon immer da war?

3. Mut zur Veränderung

Große Veränderungen in unserem Leben, können wir greifbarer und positiver gestalten, wenn wir uns unsere Zukunft detailliert vorstellen. Was ist unser Ziel, wie erreichen wir es? Vertrauen wir in unsere Fähigkeiten und unser Wissen, um den Schritt zur Veränderung zu wagen. Es wird belohnt werden und wir verlieren einen Teil unserer Angst ganz automatisch.

4. Auf das Bauchgefühl hören

Wir haben im Laufe der Zeit verlernt, auf unseren besten Ratgeber zu hören: Unseren Bauch. Der Kopf legt uns oft Steine in den Weg und sagt uns, was wir alles nicht können. Aber unser Instinkt, unser Bauchgefühl und unsere Intuition, sind oftmals ein besserer Ratgeber. Haben wir also ein gutes Gefühl dabei, sollten wir dieses ganz festhalten und in Mut umwandeln.

5. Kleine Schritte

Direkt den Mount Everest besteigen oder doch lieber erst mal mit dem Vogelsberg beginnen? Für den Anfang reicht auch eine Kletterwand in der Kletterhalle. Mit jedem Versuch die Wand zu erklimmen, werden wir selbstsicherer und unser Mut wächst. Und nach und nach kommt der Mount Everest in greifbare Nähe.

6. Scheitern erlaubt

Ein Lernprozess bedeutet Fehler. Wir alle haben sie, wir alle machen sie und wir müssen uns weder dafür schämen noch sie verstecken. Im Gegenteil: Sie sind eine super Chance zum Lernen. Also müssen wir lernen uns Fehler wieder zu erlauben, aus diesen zu lernen und unseren Weg unbeirrt weiterzugehen.

7. Vertrauen entwickeln

Wir alle sind wertvoll für diese Welt. Wir haben Talente und Fähigkeiten, die wir nutzen können. Aber vertrauen wir uns? Oft buttern wir uns selbst herunter. Das neue Projekt ist eigentlich wie für uns geschaffen. Dann sollten wir uns dafür melden und unser Bestes geben. Wir können es, wir müssen nur lernen, uns wieder selbst zu vertrauen.

Zusammengefasst können wir also sagen, dass Mut zu finden, nicht sonderlich schwer ist. Es ist, wie die Angst, eine Sache der Konditionierung. Wir müssen uns wieder selbst darauf konditionieren, Vertrauen zu uns selbst zu haben, in schwierigen Situationen einen Schritt nach vorne zu gehen, anstatt zurückzutreten. Unser Mut wird belohnt werden!

Schritt 5 zum Erfolg: Disziplin

„Disziplin ist die Brücke zwischen Zielen und Erfolgen." - Sprichwort, Verfasser unbekannt

Den inneren Schweinehund zu überwinden ist manchmal gar nicht so einfach. Dabei ist Disziplin sogar wichtiger als die Intelligenz, wenn es darum geht erfolgreich zu sein. Professor Mischel (Pionier der Willensforschung), entwickelte den so genannten „Marshmallow-Test". Er gehört mittlerweile zu den bekanntesten Experimenten, wenn es um die Messung der Disziplin geht. In diesem Test wird Kindern ein Marshmallow angeboten, mit der Wahl diesen direkt zu essen oder zu warten und ein zweites Marshmallow zu bekommen. Dieser Belohnungsaufschub, fiel einigen Kindern leichter als den anderen. Wir unterscheiden uns also alle darin, wie wir mit dem Belohnungs- und Bedürfnisaufschub umgehen können. Die Theorie des Belohnungsaufschubs funktioniert also wie folgt: Es wird im Detail geklärt, unter welchen Bedingungen Menschen eine direkte Belohnung einer erhöhten, aber in der Zukunft liegenden, Belohnung vorziehen. (Stangl, 2022)

Professor Mischel dokumentierte erstaunliche Ergebnisse, als man die Kinder knapp ein Jahrzehnt später noch einmal einlud. Die Kinder, die bereits in der Vorschule geduldig waren, gelten als Erwachsene als beharrlich und erfolgreich in Schule und Ausbildung. Sie konnten außerdem besser mit Rückschlägen umgehen und waren Sozialkompetent. Es ließen sich auch Rückschlüsse auf eine gesteigerte Drogenabhängigkeit in Bezug auf die Ungeduld im Marshmallow-Test feststellen. Die Ungeduldigen Probanden waren rein emotional betrachtet instabiler und wiesen in den schulischen Leistungen schlechtere Ergebnisse auf, obwohl ihre Intelligenz nicht weniger hoch ausfiel.

Professor Mischel maß damals die Geduld der Probanden. Also die Mischung aus Resilienz, Disziplin und Beharrlichkeit. Es gibt tatsächlich auch Studien, deren Ergebnis belegt, dass Menschen mit erhöhtem

Alkoholkonsum weniger Geduld haben als Menschen, die wenig bis keinen Alkohol zu sich nehmen. Diese Studie lässt sich auf alle Formen der Sucht übertragen. Denn Sucht ist eine Form der Selbstbelohnung. Dabei kann es sich um Drogen-, Alkohol-, Spiel-, Ess- oder Shopping-Sucht handeln. Ganz gleich welche Sucht unser Belohnungszentrum aktiviert, es ist eine Form der Selbstbelohnung. Dies kann, in bestimmten Fällen, auch zu einem extrem ungesunden Lebensstil führen, denn Studien belegen, dass Menschen mit mangelnder Geduld weniger Sport treiben, aber häufigen zu ungesunden Lebensmitteln greifen, da diese durch Zucker und andere ungesunde Inhaltsstoffe, wieder das Belohnungszentrum im Gehirn aktivieren.

Durch aktuelle Studien wird vermutet, dass Geduld zu einem kleinen Teil auch genetisch bedingt ist. Durch Messung der Gehirnaktivitäten, ließ sich feststellen, dass Selbstkontrolle einen Teil unserer Gehirnaktivität darstellt. Menschen mit einem erhöhten Maß an Selbstkontrolle nutzen ihr neuronales Netzwerk besser und effizienter als die Probanden und Probandinnen mit einer geringen Selbstkontrolle. In weiteren Tests wurde außerdem belegt, dass Kinder mit einer geringeren Geduldsspanne als Erwachsene mehr Zeit benötigen, um unwichtige Informationen nicht weiter zu verarbeiten. Dadurch erhöhte sich die Fehlerquote in ihrem Handeln. Es wird vermutet, dass dies ebenfalls eine Folge geringerer Selbstkontrolle darstellt. (Stangl, 2022)

Zum Glück sind wir Menschen jedoch ein absolutes Phänomen, wenn es darum geht, uns selbst umzuprogrammieren und neu zu formen. Nur weil man bisher wenig oder keine Geduld hatte, bedeutet dies nicht, dass dieser Zustand für immer so bleiben muss. Mit ein bisschen Willen zum Erfolg, kann der innere Schweinehund besiegt werden, auch wenn er uns bisher immer fest im Griff hatte. Mit diesen 5 einfachen Tipps, können wir unsere Disziplin Tag für Tag ein kleines Stück steigern:

- Konzentration

Ablenkung ist der schlimmste Feind der Konzentration. Jene Dinge, die unsere Ablenkung am meisten triggern, sollten wir bewusst identifizieren und ausschalten, wenn wir uns konzentrieren wollen. Sei es das Handy, das wir dann ausschalten und in die Tasche räumen oder wir uns eine Self-Control App auf dem Rechner installieren, die es uns nicht mehr erlaubt, bestimmte Webseiten aufzurufen. Konzentration ist der Schlüssel zum Ziel.

- Kleine Schritte

Mit kleinen Schritten zum Erfolg. Dieses Motto zieht sich durch dieses Buch wie ein roter Faden. Wir werden keinen Erfolg haben, wenn wir direkt zu viel von uns selbst verlangen. Stattdessen beginnen wir mit kleinen Babyschritten und jeden Tag kommt ein neuer hinzu. So ist es viel leichter uns Schritt für Schritt vorwärtszuarbeiten und die Wahrscheinlichkeit für frustrierende Rückschläge nimmt ab.

- Fokussiert bleiben

Wenn wir schwächeln, sollten wir uns wieder unser gesetztes Ziel vor Augen halten. Die Kraft der Visualisierung hilft uns, einen neuen Motivationsschub zu finden. Dabei sollten wir uns ganz genau vor unser inneres Auge führen, wie es sich anfühlen wird, wenn wir unser Ziel erreicht haben. Sind wir zufrieden und glücklich? Sind wir stolz? Lässt die Willenskraft nach, wird sie durch die Gefühle wieder hochgepusht. Gefühle geben uns neue Energie und helfen uns dabei konzentriert und fokussiert zu bleiben. Gefühle und Gedanken sind in Kombination ein mächtiges Werkzeug, mit dem wir fast alles bewegen können. Wichtig ist hierbei auch die intrinsische Motivation. Wir müssen etwas wirklich wollen, um bei der Stange zu bleiben.

- Durchhaltevermögen steigern

Um unser Durchhaltevermögen zu steigern, sollten wir damit beginnen Sport zu treiben. Kaum etwas anderes ist hierfür so gut geeignet. Allerdings steht uns, gerade beim Sport, oft der innere Schweinehund im Weg. Draußen ist es nass und kalt, wir bekommen gleich einen Anruf oder die Lieblings-Serie läuft doch gleich. Auch hier kommt wieder Professor Mischel ins Spiel, der dem Ganzen eine Art Programm-Routine auferlegt. Er empfiehlt die Wenn-Dann-Regel, die kein links oder rechts abbiegen zulässt, sondern nur ein geradeaus ans Ziel: Wenn ich gleich Feierabend habe (oder Schule aus), dann gehe ich ins Fitnessstudio. Halten wir uns an diese Regel, konditionieren wir uns passiv selbst, um das gewünschte Ziel zu erreichen. Einfach, oder?

- Willenskraft trainieren

Wir alle haben unbewusst einen Autopiloten in unserem Gehirn. Auch dies hat wieder mit der Struktur unseres Supercomputers zu tun. Wenn, als Beispiel, ein bestimmtes Verhalten zur Gewohnheit geworden ist, dann ist der Teil unseres Gehirns aktiv, der für Emotionen und Erinnerung zuständig ist (Amygdala und Hippocampus). Entscheidungen hingegen werden aber im ventromedialen präfrontalen Cortex getroffen. Amygdala und Hippocampus steuern hierbei unseren Autopiloten. Um unseren Autopiloten zu deaktivieren, sollten wir also aktiv darüber nachdenken, ob wir jetzt wirklich lieber unsere Serie schauen wollen, anstatt für die Hausarbeit zu lernen. Wir müssen in ein bewusstes Wählen steuern, anstelle der getriggerten Gewohnheitswahl. Dabei hilft es uns, negative Gedanken auszublenden und durch positive Leitsätze zu ersetzen.

Wir sehen also, selbst wenn Disziplin im bestimmten Maß genetisch vorausgesetzt ist, können wir sehr viel dafür tun, um an ihr zu arbeiten. Es ist kein gegebener, fixer Zustand, in dem wir uns befinden, sondern er ist bis zu einem gewissen Grad, flexibel und wandelbar. Und genau diese agile Flexibilität und Wandelbarkeit, macht uns Menschen so wunderbar. Wir können alles erreichen, was wir auch wollen, wenn wir nur an uns selbst glauben und uns die Chance geben uns ins Positive zu verändern.

Nicht umsonst konnten Menschen, nach Jahrzenten des Rauchens, damit aufhören oder Menschen, die jahrelang einer schweren Sucht verfallen waren, wieder ins Leben zurückkehren.

Die Disziplin ist unsere vorletzte Treppenstufe, die uns hinauf führt zum Erfolg.

Schritt 6 zum Erfolg: Vertrauen

„Vertrauen braucht Mut." - Sprichwort, Verfasser unbekannt

Was wäre unser Leben ohne Vertrauen? Vermutlich ziemlich trostlos. Wir wären genährt von Misstrauen, in uns selbst und in andere Menschen. Wir würden keine Beziehungen mehr eingehen, jeder würde nur noch für sich selbst leben. Zwischenmenschliche Beziehungen wären vermutlich nur noch zweckgebunden, denn sowohl für Freundschaft als auch für Liebe braucht es Vertrauen. Außerdem würden wir durch fehlendes Selbstvertrauen, keine Risiken mehr eingehen. Das Leben wie wir es kennen, würde stagnieren. Es gäbe keine technische und soziale Entwicklung mehr. Das wäre wohl ein ziemlich trauriges und eintöniges Leben, das wir führen würden.

Wachsendes Vertrauen ist etwas, dass einfach geschieht, ohne, dass wir darüber groß nachdenken müssen. Wohingegen Vertrauensbrüche einen sehr aktiven Vorgang darstellen. Wir können genau sagen, wann und wieso wir das Vertrauen in etwas oder in jemanden (im schlimmsten Fall in uns selbst) verloren haben, wohingegen wir den Vertrauensaufbau nur schwer in Worte fassen können. Gehen wir nach dem Konzept von Jan Ditgen, dann beruht Vertrauen auf den drei Säulen:

1. Charakter
2. Loyalität
3. Kompetenz

(Ditgen, 2022)

Diese sind wiederrum unterteilt in weitere Bausteine, die das Vertrauen zu einem Menschen ausmacht.

Nun ist dieses Konzept zwar auf das Vertrauen in andere Menschen ausgelegt. Jedoch können wir es nahtlos auf unser Selbstvertrauen adaptieren. Selten merken wir wie unser Selbstvertrauen wächst. Es ist ein passiver Prozess, auf den wir nicht aktiv einwirken. Ein Vertrauensbruch an uns selbst hingegen, ist ein gravierender Einschnitt in unser Selbstvertrauen und zumeist Resultat aus einem Fehler oder Rückschlag, welchen wir erlitten haben. Dabei ist ein gesundes Selbstvertrauen sehr wichtig für uns, denn nur, wenn wir gestärkt in uns selbst ruhen, sind wir selbstsicher im Auftreten, geistig gestärkt und extrovertierter. Wir gehen gelassener in Konfliktsituationen und Herausforderungen, trauen uns mehr zu und haben eine höhere Chance auf Erfolge im Leben.

Laut Definition bedeutet Selbstvertrauen, dass wir eine tiefe Überzeugung der eigenen Stärken und Fähigkeiten besitzen, dass wir ein tiefes Vertrauen in die eigene Handlungskompetenz besitzen und unseren eigenen Wert kennen. Selbstvertrauen kann man somit auch als mentale Stärke übersetzen. Die gute Nachricht: Niemand kommt mit einem vollgefestigten Selbstvertrauen auf die Welt. Vielmehr ist es ein Prozess, der sich im Laufe des Lebens entwickelt. Dabei können bestimmte Erlebnisse unser Selbstvertrauen stärken oder schwächen. Unser familiäres Umfeld, nimmt als allererstes Einfluss darauf, ob wir ein gesundes Selbstvertrauen entwickeln oder nicht. Denn unsere Eltern vermitteln uns schon im Kindesalter, ob wir ein wertvoller und geliebter Mensch sind. Später erlegen uns anderen Menschen, wie Lehrer, Freunde, Vorgesetzte, Partner und Kollegen, auf wie sie uns sehen oder gerne sehen würden. Dabei führt der Mangel, an früher Wertschätzung und Akzeptanz, unweigerlich zu einem Mangel an Selbstvertrauen. Diesen Mangel aus der Welt zu schaffen ist jedoch möglich und sollte auch getan werden.

Einen Teil unseres Selbstvertrauens erlangen wir durch externe Rückmeldung von Menschen in unserem Umfeld. Durch Sympathie, Liebe, Wertschätzung, Respekt und Lob beziehungsweise konstruktiver Kritik, bekommen wir eine Rückmeldung für unseren Selbstwert. Diese externe Rückmeldung können wir aktiv steuern, indem wir uns nur mit Menschen umgeben, die uns guttun und toxische Menschen in unserem Umfeld meiden. Negative externe Rückmeldungen, können dazu führen, dass wir immer selbstkritischer mit uns ins Gericht gehen und wir unsere Schwächen viel stärker bewerten als unsere Stärken selbst.

Den anderen Teil unseres Selbstvertrauens, bildet unser Selbstbild (Mindset). An unserem positiven Selbstbild, das haben wir bereits in früheren Kapiteln gelernt, können wir aktiv arbeiten. So können wir uns, zum Beispiel, mit Affirmationen (Glaubenssätzen) positiv beeinflussen. Wir können innere Dialoge führen oder aktiv an unseren Stärken und Schwächen arbeiten.

An welchem Punkt wir im Selbstvertrauen stehen, können wir mit einer einfachen Selbstanalyse herausfinden, die sich aus drei einfachen Fragen zusammensetzt:

1. Wer bin ich?
2. Was kann ich?
3. Was bin ich mir selbst wert?

Analysieren wir uns mit diesen drei Fragen selbst, aktivieren wir zwei Prozesse in unserem Gehirn. Die Eigenwahrnehmung und die Eigenbewertung.

- Die Eigenwahrnehmung ist das Bewusstsein darüber wer man selbst ist, wie man sich fühlt und was man gut kann („Ich spiele gut Tennis und spreche fließend Spanisch.“).

- Die Eigenbewertung ist die persönliche Wertschätzung und Anerkennung darüber, was man kann und was für Talente man hat („Darauf kann ich stolz sein.“).

Aus der Eigenbewertung und der Eigenwahrnehmung prägen sich die Facetten des Selbstvertrauens:

- Selbsterkenntnis: „Das bin ich.“
- Selbstakzeptanz: „Ich bin gut.“
- Selbstannahme: „Ich mag mich.“
- Selbstliebe: „Ich liebe mich.“
- Selbstwirksamkeit: „Ich kann das.“
- Selbstsicherheit: „Ich schaffe das.“
- Selbstglaube: „Es wird mir gelingen.“
- Selbstkontrolle: „Ich habe mich unter Kontrolle.“
- Selbstverantwortung: „Ich bin Herr über meine Lage.“
- Selbstachtung: „Ich respektiere mich.“

(Mai, 2021)

All diese Eigenschaften beeinflussen und stärken uns. Wir gewinnen an Vertrauen in unsere Fähigkeiten und Stärken und beginnen uns selbst als wertvoll zu betrachten. Ängste und Hemmungen durch Fehler oder Unzulänglichkeiten treten in den Hintergrund und machen dafür dem Selbstvertrauen Platz. Wir gewinnen die Fähigkeit nach vorne zu sehen, Grenzen zu überwinden und Zuversicht und Glauben zu entwickeln.

Um festzustellen, ob wir an einem schwachen Selbstvertrauen leiden, gibt es einige Punkte, mit denen wir uns selbst hinterfragen können. Sie mögen unangenehm sein, jedoch ist es äußerst hilfreich zu wissen, an welcher Stelle wir stehen:

1. Ungewohnte Situationen sind für mich unangenehm.
2. Ich fürchte mich vor Fehlern.

3. Ich habe Angst davor, meine Meinung zu äußern.
4. Ich schlucke Probleme gerne herunter.
5. Mir fällt es schwer 'Nein' zu sagen.
6. Ich bin sehr harmoniebedürftig.
7. Ich fürchte mich vor Kritik.
8. Ich frage mich oft, was andere von mir denken.
9. Ich gehe Konflikten aus dem Weg.
10. Ich kann mich über Ungerechtigkeiten nicht beschweren.
11. Ich will es anderen immer recht machen.
12. Ich habe Probleme damit meine Forderungen durchzusetzen.
13. Ich kann Wünsche schlecht ablehnen.
14. Ich gerate oft ins Grübeln und denke viel nach.
15. Ich leide häufig unter Scham- und Schuldgefühlen.
16. Ich kann nur schwer Augenkontakt halten.
17. Ich vergleiche mich häufig mit anderen Menschen.
18. Ich warte lieber, anstatt die Initiative zu ergreifen.
19. Ich habe oft das Gefühl minderwertig zu sein.
20. Ich scheue mich vor neuen, sozialen Kontakten.

Wenn wir mehr als 6 Fragen mit einem 'Ja' beantworten können, dann leiden wir vermutlich unter einem geschwächten Selbstvertrauen und sollten an einer Stärkung arbeiten.

Ein gesundes Selbstvertrauen lässt sich, zum Glück, jedoch erlernen und mit den nachfolgenden 12 Tipps wird dies auch gelingen. Es sei jedoch vorab gesagt, dass Selbstvertrauen zu erlernen, kein Sprint ist. Es wird eine gehörige Portion an Geduld und Mut erfordern. Doch diese werden sicherlich belohnt.

1. Den eigenen Ängsten stellen

Der amerikanische Motivationstrainer Dale Carnegie verfolgt folgenden Ansatz: „Selbstvertrauen gewinnt man dadurch, dass man genau das tut, wovor man Angst hat, und auf diese Weise eine Reihe von erfolgreichen Erfahrungen sammelt." (Carnegie, 2022) Um unser Selbstvertrauen steigern zu können, müssen wir also erneut unsere Komfortzone verlassen und ein Risiko eingehen. Woraus Ängste entstehen und wie wir diese besiegen können, habe ich ja bereits im Kapitel 'Schritt 4 zum Erfolg: Mut' vorgestellt und möchte an dieser Stelle dorthin verweisen.

2. Fehler sind erlaubt

Was wir tunlichst unterlassen sollten, ist uns für Fehler selbst den Gar auszumachen und immer und immer wieder darauf herumzureiten. Diese Form der Selbstgeißelung, zerstört systematisch unser Selbstvertrauen und schadet uns immens. Vielmehr sollten wir Fehler als das sehen, was sie sind: Ein unausweichlicher Teil des menschlichen Daseins und eine immer wiederkehrende Chance zur Weiterentwicklung. Niemand, wirklich niemand, nicht einmal der Papst persönlich, ist frei von Fehlern und wer anderes behauptet, der ist weder ehrlich zu sich selbst noch zu seinem Umfeld. Fehler bestimmen nicht den Wert unserer Person, es gibt also keinen Grund sich vor ihnen zu fürchten oder bei einem passierten Fehler ewig darüber zu grämen.

3. Wohlfühlen ist oberstes Gebot

Dieses Thema haben wir bereits im Kapitel 'Schritt 1 zum Erfolg: Gesundheit' und 'Schritt 2 zum Erfolg: Innerer Frieden' behandelt. Dennoch möchte ich dies hier wieder aufgreifen. Wenn wir uns selbst nicht wohl fühlen, dann können wir kein gesundes Selbstvertrauen entwickeln. Schritt 1 und Schritt 2 sind also unerlässlich auf unserem Weg zu einem stabilen Selbstvertrauen. Alle Dinge, die uns guttun, sind erlaubt. Je wohler wir uns fühlen, umso selbstsicherer treten wir nach außen hin auf.

4. Eine Prise Selbsthumor

Einen unfehlbaren Eindruck machen zu wollen, führt über kurz oder lang dazu, dass wir eine verkrampfte Haltung einnehmen. Wir wirken auf unser soziales Umfeld zunehmend unsympathisch. Niemand ist frei von Fehlern und niemand ist frei von Ängsten oder Zweifeln. Statt auf diesem unrealistischen Selbstbild zu verharren, sollten wir es mit einer Prise Selbsthumor versuchen und uns nicht immer so ernst nehmen. Selbsthumor, macht sympathisch und zeigt ein großes Selbstbewusstsein.

5. Komplimente tun der Seele gut

Wann haben wir uns das letzte Mal selbst ein Kompliment gemacht? Wahrscheinlich noch nie oder wenn, dann ist es vermutlich schon ziemlich lange her. Eine sehr wertvolle Übung ist es, sich vor einen Spiegel zu setzen, sich selbst in die Augen zu schauen und sich einfach mal ein paar wirklich nette Dinge zu sagen. Zum Beispiel, dass die Frisur heute super sitzt, wir die letzte Hausarbeit super gemeistert haben oder mit dem derzeitigen Konflikt besonders gut umgehen. Viel zu selten, sagen wir uns selbst, dass wir uns gut finden oder uns einfach gernhaben, so wie wir sind. Am Anfang mag diese Übung etwas unangenehm und komisch sein, dies spiegelt jedoch nur die eigene Unsicherheit wider. Je öfter man diese Übung durchführt, umso angenehmer und einfacher wird sie. Und diese Affirmationen, oder Glaubenssätze, haben eine mächtige Wirkung auf uns selbst, wie wir bereits in den vorherigen Kapiteln gelernt haben.

6. Komplimente annehmen ist erlaubt

Wir dürfen und sollen Komplimente dankend annehmen! Leidet unser Selbstvertrauen unter einer Schwäche, neigen wir oft dazu, Komplimente nicht ernst zu nehmen oder als unangenehm zu empfinden. Dabei müssen Komplimente weder analysiert, noch hinterfragt werden. Stattdessen dürfen wir uns mal über die netten Worte freuen und sie als gegeben hinnehmen.

7. Körpersprache optimieren

Schon mal was von Biofeedback gehört? Was sich anhört, wie ein Bewertungssystem im Bio-Laden, hat stattdessen etwas mit dem Ausdruck unserer Körpersprache zu tun. Selbstvertrauen, sowie auch Unsicherheiten spiegeln sich nämlich in unserer Körpersprache wider. Das heißt, wenn wir unsere Körpersprache an das anpassen, was wir verkörpern wollen, dann gewinnen wir automatisch an Selbstbewusstsein und Sicherheit. Das wird uns unweigerlich auch unser soziales Umfeld widerspiegeln, in der Art und Weise wie sie uns gegenübertreten.

8. Wünsche und Erwartungen

Wir dürfen Forderungen aussprechen. Auch wenn es uns erst einmal Überwindung kosten wird, sollten wir diesen Schritt gehen, um ein besseres Gefühl zu bekommen. Gerade, wenn uns etwas stört und wir das Gefühl haben, etwas müsste besser laufen. Indem wir uns öffnen und für unsere Wünsche und Erwartungen einstehen, zeigen wir Interesse und Selbstvertrauen.

9. Vergleichen verboten

Nicht wenige Menschen verstehen das Leben als einen immer anhaltenden Wettbewerb. Einen solchen Menschen um sich herum zu haben, ist mitunter sehr anstrengend und Kräfte raubend, da einfach alles in einen Wettkampf ausartet. Die unaufhörlichen Vergleiche und das Wettstreiten mit anderen sind nicht nur nervlich sehr anstrengend, sie richten auch enormen seelischen Schaden in uns an. Stattdessen sollten wir lernen dankbarer zu sein, für das was wir haben und dafür wer wir sind und was wir bereits erreicht haben.

10. Kritik ist nichts Persönliches

Kritik als etwas Persönliches aufzufassen, ist mit das Schlimmste, das wir unserem Selbstvertrauen antun können. Eine Kritik an unserer Leistung, ist keine Bewertung unserer Person. Auch wenn die Kritik vielleicht unangenehm sein mag, sollten wir sie strikt von unserer Persönlichkeit trennen. In diesem Moment wird unser Defizit bewertet und es wird uns eine Chance auf Verbesserung und persönliches Wachstum geboten.

11. Die richtigen Menschen versammeln

Wie wichtig die richtigen Menschen sind, haben wir ja bereits im Kapitel 'Fundament des Erfolgs - Persönliches Umfeld' behandelt. Wir sollten stark darauf achten, uns von toxischen Menschen strikt fernzuhalten. Natürlich dürfen die Menschen in unserem Umfeld auch Kritik an uns und unseren Handlungen üben. Kritik ist immerhin eine Chance auf Wachstum. Dennoch sollte die Kritik eine förderliche Intention besitzen und nicht dazu gedacht sein uns hinunterzudrücken und uns ein schlechtes Gefühl zu geben. Wir brauchen Menschen in unserem Umfeld die uns stärken und unterstützen und auf die wir uns verlassen können. Toxische Menschen, haben in unserem Leben keinen Platz! Nur so kann unser Selbstvertrauen dauerhaft wachsen.

12. Erfolge feiern

Erfolge sind ein Grund stolz zu sein. Egal wie klein oder groß sie auch sein mögen, denn sie sind der Beweis dafür, dass wir eine Herausforderung gemeistert haben und einfach alles erreichen können, was wir uns vornehmen. Wenn wir uns eine kleine Belohnung für unseren erlangten Erfolg gönnen, fördert dies unser Selbstvertrauen immens.

Was haben wir also gelernt? Um ein gesundes Selbstvertrauen aufzubauen, braucht es viele kleine Schritte in die richtige Richtung. Wir müssen lernen, Dinge nicht mehr so stark an uns heranzulassen, uns selbst mehr wertzuschätzen und einfach dankbar zu sein, für die Dinge, die wir schon gemeistert haben. Selbstvertrauen braucht keine großen Heldentaten, sondern viele kleine Erfolge, die uns unseren Rücken stärken und uns wachsen lassen. Dabei sollten wir keine Angst davor haben zu scheitern und Fehler, die uns passieren, als Chance auf Wachstum anzusehen.

Schlusswort

Jeder Mensch verdient es, im Leben glücklich und erfolgreich zu sein. Niemand sollte an seinen Selbstzweifeln und einem negativen Mindset seelisch zerbrechen. Der Weg zum Erfolg und zum Glück erscheint uns dabei oftmals steinig und schwer, aber jeder von uns hat die gleichen Voraussetzungen, um sein Leben ins Positive zu gestalten. Egal wie schwer unser Leben bisher gewesen sein mag, wie viele Schicksalsschläge wir erleiden mussten, wie viele toxische Menschen unsere Seele vergiften wollten oder es sogar geschafft haben, wir haben die Chance unser Leben ins Positive zu kehren. Egal in welchem Lebensabschnitt wir uns befinden; ob wir nun noch zur Schule gehen, uns im Studium befinden, eine Vollzeitarbeitsstelle besetzen oder uns bereits in Rente befinden - es ist niemals zu spät an seinem persönlichen Glück und Erfolg zu arbeiten. Es ist niemals zu spät, die Dinge zu tun, die wir immer tun wollten, uns aber vielleicht aufgrund unserer Komfortzone, einfach nicht getraut haben.

Ein sehr süßes Beispiel hierfür, ist wohl Oma Josie Smith, die mit 93 Jahren, nach einem ausschließlich braven Leben, noch einmal etwas richtig Verrücktes tun wollte und sich kurzerhand von der englischen Polizei verhaften ließ. Natürlich stand hinter der Verhaftung kein ernsthaftes Verbrechen, sondern ihre Enkelin, die das Ganze arrangierte. Was diese kleine Geschichte jedoch aussagt, ist einfach: Es ist niemals zu spät, Dinge zu tun, die man gerne tun möchte. Ein eigentlich einfaches Prinzip und dennoch stehen wir uns so oft einfach selbst im Weg. Manchmal warten wir zu lange, dann ist es oft zu spät und wir bereuen Dinge nicht getan zu haben. Daher möchte ich mit diesem Buch einfach noch einmal jeden ermutigen: Sei mutig, liebe Dich selbst, vertraue Dir selbst und Deinen Fähigkeiten und tue nur das, was Dir auch guttut! Lass Dich von niemandem zu etwas zwingen, was Du nicht möchtest. Lass Dich niemals unterdrücken. Lass Dir niemals von irgendwem sagen, dass Du etwas NICHT kannst. Lass Dir niemals Deine wunderbare Vielfalt rauben. Du bist ein fantastischer Mensch und Du bereicherst diesen Planeten und genau das, solltest Du Dir immer und immer wieder selbst vorsagen.

Ich hoffe, ich konnte mit diesem Buch und meinem entwickelten Treppenmodell den Weg ebnen. Bringen wir den Mut auf uns verändern zu wollen, dann haben wir jegliche Möglichkeiten hierzu. Es ist nur dieser erste Schritt, den wir wagen müssen, um unsere Komfortzone zu verlassen und endlich neue Horizonte zu erkunden. Mit ein wenig Selbstvertrauen und einem positiven Mindset, können wir fast alles schaffen und erreichen. Grundsätzlich gilt: Wir dürfen einfach niemals unser gesetztes Ziel aus den Augen verlieren. Wir müssen es wirklich wollen, eine intrinsische Motivation entwickeln und mit Beharrlichkeit, Disziplin, Mut und Vertrauen am Erreichen unseres Zieles arbeiten. Erfolg ist die Spitze des Berges, den wir erklimmen wollen und mit einem positiven Mindset schaffen wir dies im Handumdrehen.

In diesem Sinne, wünsche ich Dir liebe Leserin, lieber Leser, nur das Allerbeste und viel Mut, Kraft, Disziplin und Vertrauen auf Deinem Weg zum Erfolg. Arbeite an Deinem positiven Mindset und Du wirst mit Erfolg und Glück belohnt werden.

Deine Marina

Verweise

Achor, S. (2022). *Shawn Achor*. Von https://www.shawnachor.com/ abgerufen

Aronson. (2008).

Barrierefrei-im-kopf.de. (2022). Von barrierefrei-im-kopf.de/mindset abgerufen

Brain Effect. (2022). Von www.brain-effect.com/magazin/brain-fog-gehirnnebel abgerufen

brain-effekt.com. (2022). Von www.brain-effect.com/magazin/tipps-positives-mindset#Warum abgerufen

Carnegie, D. (21. Januar 2022). *Studihub*. Von www.studihub.de/dale-carnegie-die-besten-30-sprueche-und-zitate/ abgerufen

Csmarich, W. (2014). Masterarbeit "Der gesunde Selbstwert" (2014),.

Detektor FM. (2022). Von https://detektor.fm/gesellschaft/netzheldeneinfluss-der-kindheit-auf-das-erwachsenenleben abgerufen

Ditgen, J. (2022). Von http://www.vertrauen-aufbauen.de/vertrauen-system.php abgerufen

Duckworth, A. (kein Datum). *Grit: The Power of Passion and Perseverance.*

esquire.de. (2022). Von www.esquire.de/news/business-karriere/intelligenter-erolgreicher-werden-growth-mindset-entwickeln abgerufen

Futura-Sciences.com. (2022). Von www.futura-sciences.com/de/linke-rechte-gehirnhaelfte-was-unterschiede_7111 abgerufen

Gesundheit GV AT. (2022). Von www.gesundheit.gv.at/leben/bewegung/gesunde-bewegung abgerufen

Health and Science. (2022). Von www.healthandscience.eu/ abgerufen

Internisten im Netz. (kein Datum). Von www.internisten-im-netz.de/vorsorge/anti-aging/geistig-fit-im-alter/gesunder-Koerper-gesunder-geist abgerufen

Internisten im Netz. (2022). Von www.internisten-im-netz.de/vorsorge/anti-aging/geistig-fit-im-alter/gesunder-Koerper-gesunder-geist abgerufen

James, V. (zit. in (2002)). *Oerter/Montada.*

Kanning. (1997).

LinkedIn. (2022). Von de.linkedin.com abgerufen

Mai, J. (6. August 2021). *Karrierebibel*. Von www.karrierebibel.de/selbstbewusstsein-selbstvertrauen/ abgerufen

me-company.de. (2022). Von www.me-company.de/magazin/growth-mindset/ abgerufen

Me-Company.de. (2022). Von www.me-company.de/magazin/fixed-mindset abgerufen

Metawechsel.ch. (2022). Von www.metawechsel.ch/beitraege/positiv-denken/ abgerufen

Navigator Medizin. (2022). Von www.navigator-medizin.de abgerufen

Phorms.de. (2022). Von bildungsthemen.phorms.de/de/top-themen/growth-mindset/growth-mindset-scheitern-ist-der-wichtigste-schritt-zum-erfolg/ abgerufen

Planet Wissen. (2022). Von www.planet-wissen.de/gesellschaft/psychologie/angst abgerufen

RKI. (2022). Von www.rki.de/SharedDocs/FAQ/Vitamin_D/Vitamin_D_FAQ-Liste.html abgerufen

Spektrum. (2022). Von www.spektrum.de/lexikon/psychologie/leistungsmotivation abgerufen

Spektrum.de. (2022). Von https://www.spektrum.de/news/toxische-beziehungen-gift-fuer-die-seele/2007208 abgerufen

Spektrum.de. (2022). Von www.spektrum.de/lexikon/neurowissenschaft/asymmetrie-des-gehirns/991 abgerufen

Springer Lexikon. (2022). Von link.springer.com/chapter/10.1007/ abgerufen

Stangl, W. (17. September 2022). *Online Lexikon für Psychologie und Pädagogik.* Von Marshmallow Test. abgerufen

Test. (kein Datum). *Test*.

Umweltmission. (2022). Von www.umweltmission.de/wissen/umweltgifte/#Was_sind_Umweltgifte abgerufen

Wissenschaft.de. (12. August 2012). Von www.wissenschaft.de/geschichte-archaeologie/wie-der-mensch-die-evolution-verdreht/ abgerufen

Zentrum der Gesundheit. (2022). Von www.zentrum-der-gesundheit.de/ernaehrung/ernaehrungsformen/ungesunde-ernaehrung/gehirn-i abgerufen

Zentrum der Gesundheit. (2022). Von www.zentrum-der-gesundheit.de/ernaehrung/ernaehrungsformen/ungesunde-ernaehrung/gehirn-i abgerufen

Zentrum der Gesundheit. (2022). Von www.zentrum-der-gesundheit.de/ernaehrung/ernaehrungsformen/ungesunde-ernaehrung/gehirn-i abgerufen

Rechtliches

Impressum

TMC-Online Services vertreten durch:

Marina & Reimund Peters
Georg-August-Zinn-Straße 20
64572 Büttelborn

Deckblätter: Erfolg, Fundament des Erfolgs, Die Treppe zum Erfolg:
Designed by Pixabay

S. 57: Bild Treppe: Vecteezy.com

Printed in Poland
by Amazon Fulfillment
Poland Sp. z o.o., Wrocław

32381612R00063